초특급
영단어
PUZZLE
여행

영어교재연구원 엮음

도서
출판 예가

이 책의 특징

이 책은 힘들게 외웠던 영단어를 '조금 더 재밌고 쉽게 외울 수 없을까?' 라는 생각으로 부터 만들어 졌습니다. 지금까지 영단어를 외울 때 머리도 아프고 금방 잊어버리는 망각에 시달렸지요. 이 책은 퍼즐형식의 놀이식으로 흥미도 유발하고 재미도 있으면서 연상법으로 언어 자극에 도움을 주어 외우지 않아도 머리에 쏙쏙, 실력도 쑥쑥 향상될 것입니다. 초등학교 기초 영단어와 일상에서 사용하는 기본 단어로만 이루어져 있어 영어를 처음 시작하는 학생이나 어르신들까지도 모두 풀 수 있는 영단어 퍼즐입니다. 또한 통통 튀는 영어지식 충전소 코너를 통해 다양한 주제로 한층 더 깊게 영어에 접근 할 수 있습니다.

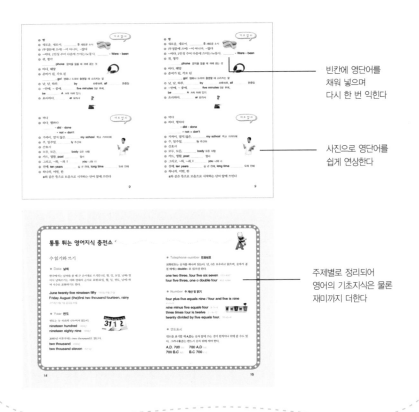

빈칸에 영단어를
채워 넣으며
다시 한 번 익힌다

사진으로 영단어를
쉽게 연상한다

주제별로 정리되어
영어의 기초지식은 물론
재미까지 더한다

c o n t e n t s

재밌는 퍼즐로 영단어도 외우고 어휘도 업그레이드 시킨다

PUZZLE

001

Answer 208p

8

가로 열쇠

❶ 빵

❹ 새로운, 새로이. _____s 새로운 소식

❻ (부정문에 쓰여) ~이 아니다, ~않다

❼ ~이다, 2인칭 주어 다음에 쓰이는 be동사. _____ - Were - been

❽ 귀, 청각

_____ phone 음악을 들을 때 귀에 꽂는 것

⓫ 바다, 해양

⓬ 준비가 된, 각오 된

_____, go! 영화나 드라마 촬영할 때 소리치는 말

⓮ 낮, 날, 하루. _____ by _____ 하루하루, all _____ 온종일

⓰ ~안에, ~ 중에. _____ five minutes 5분 후에,

be _____ A A에 처해 있다.

⓱ 요리하다. _____er 요리사

세로 열쇠

❷ 먹다

❸ 하다, 행하다

_____ - did - done

_____ + not = don't

❹ 가까이, 멀지 않은. _____ my school 학교 가까이에

❺ 주, 일주일. _____ly 주간의

❻ 간호사

❽ 모두, 모든. _____body 모든 사람

❾ 카드, 명함. post_____ 엽서

❿ 그리고, ~와, ~과. I _____ you 나와 너

⓭ 전에. ten years _____ 십 년 전에, long time _____ 오래 전에

⓯ 하나의, 어떤, 한

a와 같은 뜻으로 모음으로 시작하는 단어 앞에 쓰인다

9

통통 튀는 영어지식 충전소 ←------

● 기수읽기 Cardinal Numbers

1	one	21	twenty-one
2	two	22	twenty-two
3	three	23	twenty-three
4	four	24	twenty-four
5	five	25	twenty-five
6	six	30	thirty
7	seven	40	forty
8	eight	50	fifty
9	nine	60	sixty
10	ten	70	seventy
11	eleven	80	eighty
12	twelve	90	ninety
13	thirteen	100	one hundred
14	fourteen	101	one hundred(and) one
15	fifteen	1,000	one thousand
16	sixteen	10,000	ten thousand
17	seventeen	100,000	one hundred thousand
18	eighteen	1,000,000	one million
19	nineteen	10,000,000	ten million
20	twenty	1,000,000,000	one billion

● 서수읽기 Ordinal Numbers

1st	first	21st	twenty-first
2nd	second	22nd	twently-second
3rd	third	23rd	twently-third
4th	fourth	24th	twently-fourth
5th	fifth	25th	twently-fifth
6th	sixth	30th	thirtieth
7th	seventh	40th	fortieth
8th	eighth	50th	fiftieth
9th	ninth	60th	sixtieth
10th	tenth	70th	seventieth
11th	eleventh	80th	eightieht
12th	twelfth	90th	ninetieth
13th	thirteenth	100th	one hundredth
14th	fourteenth	101st	one hundred(and) first
15th	fifteenth	1,000th	one thousandth
16th	sixteenth	10,000th	ten thousandth
17th	seventeenth	100,000th	one hundred thousandth
18th	eighteenth	1,000,000th	one millionth
19th	nineteenth	10,000,000th	ten millionth
20th	twentieth	1,000,000,000th	one billionth

재밌는 퍼즐로 영단어도 외우고 어휘도 업그레이드 시킨다

PUZZLE 002

Answer 208p

❶ ~에 관하여, ~에 대하여.

_____music 음악에 관하여

❹ 동물원. in the _____ 동물원 안에

❻ 나의, I의 소유격. _____ mother 나의 어머니

❼ 침대, 잠자리. go to _____ 잠자리에 들다

❾ 그밖에, 달리

⓫ 아니다, 아니. have _____money 돈이 없다

⓬ 공책. _____book을 간단히 적은 낱말

⓭ 가다. _____away! 저리가!

⓮ no good의 약자로 드라마나 영화 촬영 시 연기가 좋지 않을 때 하는 말

⓯ I의 목적격. It's _____ . 나야.

⓳ 역시, 또한. I _____ love you. 나 역시 널 사랑해.

⓴ 사용하다, 이용하다

㉑ 정오, 대낮

❷ 소년, 사내 아이. _____ friend. 남자 친구

❸ 아저씨, 삼촌

_____ Tom's cabin. 톰 아저씨의 오두막집

❺ 열다. _____ the door. 문 열어

❻ 남자, 어른, 인간, 남자로 쓰였을 때(↔woman)

❽ do의 과거분사. do - did - _____

❾ et cetera, ~ 등등

❿ 달걀

⓰ 길, 방법. by the _____ 그런데, My _____ 나의 길

⓱ 아들. my _____ 내 아들,

I have two _____s. 나는 아들이 둘이다

⓲ 달리다, 달아나다

_____ away 도망가다, _____ out of 다 쓰다

13

통통 튀는 영어지식 충전소

수 읽기와 쓰기

● Date 날짜

한국에서는 날짜를 쓸 때 큰 순서대로 쓰지만 (년, 월, 일, 요일, 날짜) 영어식 날짜쓰기는 이와 반대의 순서로 표현(요일, 월, 일, 연도, 날씨) 하며 서수로 표현하기도 한다.

June twenty five nineteen fifty 1950년 6월 25일
Friday August (the)first two thousand fourteen, rainy
2014년 8월 1일 금요일 비옴

● Year 연도

연도는 두 자리씩 나누어서 읽는다.
nineteen hundred 1900년
nineteen eighty nine 1989년

2000년 이후부터는 two thousand로 읽는다.
two thousand 2000년
two thousand eleven 2011년

- ● Telephone number 전화번호

전화번호는 숫자를 하나씩 읽는다. 단, 0은 '오우' 라고 읽으며, 숫자가
겹칠 때에는 double~ 로 읽으면 된다.

one two three, four five six seven 123-4567
four five three, one o double four 453-1044

- ● Number 수 계산 및 읽기

four plus five equals nine / four and five is nine
4+5=9
nine minus five equals four 9-5=4
three times four is twelve 3×4=12
twenty divided by five equals four. 20÷5=4

- ● 연도표시

연도를 표시할 때 A.D는 숫자 앞에 쓰는 것이 원칙이나 뒤에 쓸 수도 있
다. 그러나 B.C는 반드시 숫자 뒤에 써야 한다.

A.D. 700 (○)   **700 A.D** (○)
700 B.C (○)   **B.C 700** (×)

재밌는 퍼즐로 영단어도 외우고 어휘도 업그레이드 시킨다

PUZZLE

003

Answer 209p

❶ 해, 연(年). every _____ 매년

❺ 유리, 유리잔. _____es 안경

❻ 확실한, 틀림없이, 꼭

　It's _____. 확실하다, make _____ 확인하다

❽ _____ = OK. 좋아, 괜찮아,

　That's _____. 괜찮습니다, 됐습니다

❾ 동쪽의, 동쪽

❿ 11, 열하나의

⓭ 문. open the _____ 문 열어라, out _____ 야외

⓯ 마른, 말리다

　_____ice 드라이아이스, _____ly 냉담하게, 쌀쌀하게

가로 열쇠

❶ 어제. 비틀즈의 노래로 유명한 곡 이름

❷ 공기, 하늘. _____ plane 비행기

❸ 뒤, 뒤로, 뒤의

　_____ground 뒷배경,

　_____ to _____ 등을 맞대고

❹ ~ 있다, ~이다, 3인칭 주어 다음에 오는 be동사이다

❼ 들어가다, 입학하다

　_____ into A A에 들어가다

❽ 하나. _____ by _____ 하나씩, 한 사람씩

⓫ 매우, 대단히

　_____ good 매우 좋다, _____ much 굉장히, 매우

⓬ 좋은, 괜찮은. very _____ 매우 좋다

⓮ 늙은, 오래된(↔ new), 나이든(↔ young)

세로 열쇠

17

통통 튀는 영어지식 충전소

● 중요 불규칙 동사표

현재	과거	과거분사
am(is) / are	was / were	been
begin	began	begun
break	broke	broken
bring	brought	brought
buy	bought	bought
come	came	come
do, does	did	done
eat	ate	eaten
fall	fell	fallen
feel	felt	felt
fight	fought	fought
find	found	found
fly	flew	flown
forget	forgot	forgotten
get	got	gotten
give	gave	given
go	went	gone
have	had	had
hide	hid	hidden
keep	kept	kept

know	knew	known
leave	left	left
lie	lay	lain
make	made	made
mean	meant	meant
meet	met	met
pay	paid	paid
read	read(red)	read(red)
run	ran	run
see	saw	seen
sell	sold	sold
show	showed	shown
sing	sang	sung
sit	sat	sat
speak	spoke	spoken
stand	stood	stood
swim	swam	swum
take	took	taken
tell	told	told
think	thought	thought
throw	threw	thrown
wake	woke	woken
write	wrote	written

재밌는 퍼즐로 영단어도 외우고 어휘도 업그레이드 시킨다

PUZZLE

004

Answer 209p

❸ 알다. I _____ you. 나는 너를 안다

가 로 열 쇠

❺ 친절한, 상냥한

He is very _____ . 그는 매우 친절하다

_____ of a ~종류의

❻ 각각의, 각자의, 각각. _____ other 서로

❽ 자리, 좌석, 의자, 앉게 하다

take a _____ 자리에 앉다

❾ 참가하다, 가입하다, 연결하다

❿ 우리는, 우리. _____ are family. 우리는 가족이다

⓫ 8월

⓯ 10대의, 10대 소년 소녀. _____ager.

⓰ 더하다. _____ to 늘이다

❶ 안녕, 야!

세 로 열 쇠

❷ 생각, 의견, 이상

That's good _____ . 그거 좋은 생각이다

❹ 여자, 부인

❼ ~에, ~에서. not _____ all 천만에

_____ once 곧, 즉각적으로, 동시에

❽ 말하다. _____er 연설자, 스피커

❾ ~하는 바로 그 순간에, 바른, 꼭

_____ moment 잠깐만

⓬ 신(神)

⓭ (마시는) 차

⓮ (의문문) 얼마쯤. (긍정문) 무엇이든, 누구나

(부정문) 조금도, 아무것도

_____ time 어느 때나, _____ one 누구든지

통통 튀는 영어지식 충전소

우리가 매일 사용하는 hand phone(핸드폰)은 미국에서 사용하지 않는 단어라는 것을 이제 많은 사람들이 알고 있을 것이다. 이처럼 실생활에서, 우리가 쓰고 있지만 미국이나 외국에서 통하지 않는 영어를 '콩글리쉬'라고 한다. 그럼 이런 콩글리쉬에는 어떤것이 있는지 알아보도록 하자.

핸드폰	hand phone	cellular phone
아이쇼핑	eye shopping	window shopping
비닐하우스	vinyl house	greenhouse
스킨	skin	after - shave lotion
컨닝	cunning	cheating
홈드라마	home drama	family drama
그룹사운드	ground sound	musical band / band
마이크	mike	microphone
바바리코트	burberry coat	trench coat
와이셔츠	Y-shirt	dress shirt
넥타이	necktie	tie
롱코트	long coat	overcoat
카센터	car center	auto repair shop
오픈카	open car	convertible
에어컨	aircon	air - conditioner
가스레인지	gas range	stove

스텐드	stand	desk lamp
노트북	notebook	laptop
오토바이	autobike	motorcycle
전자레인지	range	microwave oven
카스텔라	castella	sponge cake
콜라	cola	coke
사이다	cida	7-up, sprite
더치페이	dutch pay	dutch treat
볼펜	ball pen	ball-point pen
샤프	sharp	mechanical pencil
호치키스	hotchkiss	stapler
스카치 테이프	scotch tape	adhesive tape
워밍업	warming-up	warm-up
썬그라스	sunglass	sunglasses
믹서기	mixer	blender
프라이팬	fry pan	frying pan
백밀러	back mirror	rear view mirror
미팅	meeting	blind date
썬크림	sun cream	sun block
아르바이트	arbeit	part-time job
린스	rinse	hair conditioner

재밌는 퍼즐로 영단어도 외우고 어휘도 업그레이드 시킨다

PUZZLE

005

Answer 210p

❶ 정원, 꽃밭. in the _____ 정원에서

❻ 쉬운, 수월한, 편안한

take it _____ 서두르지 않다, 편안하게 하다

❼ 새끼 염소, 아이

❾ 꿀벌, 벌

_____ hive 꿀벌집, Queen _____ 여왕벌

❿ 할 수 있다. I _____ do it. 나는 그것을 할 수 있다

⓬ 그것, 복수는 they. _____'s raining 비가 온다

⓭ 모든, 전부

above _____ 무엇보다도, after _____ 결국

⓯ 혹은, 또는

⓱ 접시, 식기, 요리. wash the _____ 설거지하다

가로 열쇠

❷ 사과

❸ 어두운, 캄캄한, 어둠

in the _____ 어둠 속에서

❹ 필요로 하다, 필요하다, 필요

I _____ you. 나는 네가 필요해

❺ 묻다, 부탁하다, 청하다

_____ for 요청하다, 찾다

Don't _____ me. 내게 묻지 마

❽ ~ 중에, ~ 안으로. get _____ ~에 들어가다

❾ 배, 보트

⓫ 팔

in _____ 팔짱을 끼고, _____ chair 팔걸이 의자

⓮ 다리. cross one's _____s. 다리를 꼬다

⓰ 붉은, 빨간색. _____ pepper 고춧가루

세 로 열 쇠

통통 튀는 영어지식 충전소

● 영어의 5형식

영어의 가장 기본 중의 하나인 문장의 5형식에 대해서 알아보도록 하자. 뭐든지 기본이 탄탄해야 앞으로 잘 나아갈 수 있다는 건 다 아는 사실. 그럼 이제부터 차근히 알아보도록 하자.

제1형식

1형식 문장은 **주어+자동사(완전 자동사)**를 기본 어순으로 하는 문장이다. 여기서 자동사란 동사가 주어의 동작이나 상태를 온전하게 나타내므로 목적어나 보어가 필요 없는 동사를 말한다.

The sun rises. 해가 뜬다.
The snow stopped. 눈이 멈추었다.

제2형식

2형식 문장은 **주어+동사(불완전자동사)+보어**를 기본 어순으로 하는 문장이다.
여기서 불완전자동사란 1형식에서 쓰인 완전 자동사와 달리 주어의 동작이나 상태를 수식해 주는 보어를 필요로 하는 동사를 말한다.

He is a teacher. 그는 교사이다.
The game was exciting. 게임은 흥미진진했다.
She is cute. 그녀는 귀엽다.

26

제3형식

3형식 문장은 **주어＋완전타동사＋목적어**를 기본 어순으로 하는 문장이다. 여기서 완전타동사란 주어가 나타내는 동작의 대상물, 즉 목적어를 필요로 하는 동사를 말한다.

I love you. 나는 당신을 사랑합니다.
He likes baseball. 그는 야구를 좋아한다.

제4형식

4형식 문장은 **주어＋동사＋간접목적어＋직접목적어**를 기본 어순으로 하는 문장이다. 동사는 완전타동사 중 수여동사가 사용된다. 수여동사란 두 개의 목적어를 취하는 타동사로, 주어는(~은) 간접목어(~에게) 직접목적어를(~을) 동사(해주었다)의 형태로 해석된다.

My husband brought me a present.
남편은 나에게 선물을 주었다.

제5형식

5형식 문장은 **주어＋불완전타동사＋목적어＋목적어보어**의 어순으로 구성된 문장이다. 동사는 불완전타동사가 사용된다. 불완전타동사란 목적어를 수식하는 목적격 보어를 필요로 하는 동사로 우리가 '사역동사', '지각동사'라고 부르는 동사가 5형식 문장에 사용된다.

We elected him president. 우리는 그를 대통령으로 뽑았다.
I made him a teacher. 나는 그를 선생님으로 만들었다.

재밌는 퍼즐로 영단어도 외우고 어휘도 업그레이드 시킨다

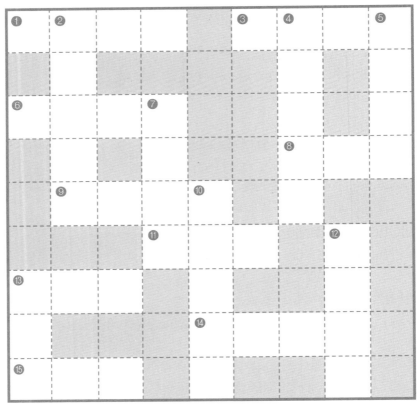

Answer 210p

28

❶ 얼굴. _____ to _____ 얼굴을 맞대고

❸ 시간, 시각

_____ by _____ 시간마다, 시시각각

❻ 은행

❽ 끝, 마지막, 끝내다

the _____ of the world. 세상 끝까지

❾ 아홉, 9

⑪ 가스

⑬ 말하다

⑭ 바라보다, 보다

_____ after 돌보다, _____ for 찾다

⑮ 너, 당신

가로 열쇠

❷ 다시, 또

See you _____ 또 만나자

once _____ 한 번 더

❹ 자주, 종종, 흔히

❺ 길, 도로

_____side 길가

❼ 왕, 임금. great _____ 위대한 왕

⑩ 일찍, 이른

⑫ 좋아하다

Would you _____ something to eat? 뭘 좀 먹겠습니까?

I _____ rabbit. 나는 토끼를 좋아해

⑬ 하늘. in the _____ 하늘에

세로 열쇠

통통 튀는 영어지식 충전소

● 미국영어와 영국영어의 차이점

미국영어와 영국영어는 발음과 철자 및 문법에까지 차이점이 있다.
예를 들면 미국영어는 t를 발음하지 않지만 영국식 영어는 확실하게 t
를 발음해 준다. Saturday를 미국영어에서는 '세러데이' 라고 하지만 영
국식은 '세터데이' 이 라고 t를 확실하게 발음해 준다.

● 단어 비교

한글	미국영어	영국영어
영어	American English	British English
아파트	apartment	flat
휴가, 방학	vacation	holiday
영화	movie	film
철도	railroad	railway
승강기	elevator	lift
크래커, 비스킷	cracker	biscuit
싸가다	take out	takeaway
초등학교	elementary school	primary school
축구	soccer	football
성적	grade	mark

석유	gasoline	petrol
자동차	automobile	motor car
시간표	schedule	timetable
화장실	washroom	lavatory
우편	mail	post
미친	crazy	mad
감자튀김	french fries	chips
쓰레기	garbage	rubbish
사탕	candy	sweets
소파	couch	sofa
술집	bar	pub
지하철	subway	underground
가을	fall	autumn
아픈	sick	ill
기저귀	diaper	nappy

재밌는 퍼즐로 영단어도 외우고 어휘도 업그레이드 시킨다

PUZZLE

007

Answer 211p

❶ 깨끗한, 산뜻한, 청소하다

   keep oneself _____ . 몸을 깨끗이 하다

❷ 지도. _____ of Korea 한국지도

❸ 비, 소나기

❺ 돕다, 거들다

   _____ me! 도와주세요!

❼ 증가, 상승, 일어나다

   _____ early 일찍 일어나다

❾ 밤, 저녁

   all _____ 밤새, mid_____ 자정, 한밤중

⓫ 아픈, 건강이 나쁜

⓭ 밖에, 밖으로. _____ of A A로부터

⓮ 빈, 비어 있는. _____ handed 빈손으로

⓯ 눈, 시각, 시력. sharp _____s 날카로운 안목

가로 열쇠

❶ 자동차

❷ 만나다, 모임

   _____ing 회의, 집회, to _____ with A A와 만나다

❹ 4월

❻ 부분, 일부분. for my _____ 나로서는

❽ 즐기다

❿ 문. front _____ 앞문, back _____ 뒷문

⓫ 얼음. _____ cream 아이스크림

⓬ 입술. _____s 입, _____stick 립스틱

세로 열쇠

33

통통 튀는 영어지식 충전소

● as ~ as 표현

영국인들이 즐겨 써온 수사법으로 앞의 as는 부사이며, 뒤에 있는 as는 be동사(대개는 is)가 생략된 접속사로 보아야 한다.

as bright as day 대낮처럼 밝은

as brittle as glass 유리처럼 깨지기 쉬운

as busy as a bee 꿀벌처럼 분주한

as cheerful as a lark 종달새처럼 즐거운

as clear as crystal(day) 수정처럼 맑은(한 점의 의혹도 없는)

as cool as cucumber 오이처럼 차가운(침착한, 냉정한)

as dark as midnight 한밤중처럼 어두운

as deep as a well 우물처럼 깊은(매우 깊은)

as rich as Croesus(a jew) 크리서스(유태인) 처럼 부자인

as sharp as a razor(a needle) 면도날(바늘) 처럼 날카로운

as silent as the grove(the stars) 숲(별) 처럼 고요한

as slender as gossamer 거미줄처럼 가느다란

as slippery as an eel 뱀장어처럼 미끌미끌한

as smooth as velvet(butter) 벨벳(버터) 처럼 매끄러운

as soft as down 솜털처럼 보드라운

as **sour** as **vinegar(a crab)** 식초처럼 신(매우 못마땅한 듯한)

as **steady** as **a rock** 바위처럼 단단한(흔들림이 없는)

as **still** as **death(the grave)** 주검(무덤)처럼 조용한

as **stupid** as **a donkey** 당나귀처럼 어리석은

as **sweet** as **honey(sugar)** 꿀(설탕)처럼 달콤한

as **swift** as **an arrow** 화살처럼 빠른

as **tame** as **a cat** 고양이처럼 순종하는

as **thin(lean)** as **a rake** 피골이 상접한

as **timid** as **a hare** 산토끼처럼 겁이 많은

as **tough** as **leather** 가죽처럼 질긴

as **ugly** as **a toad** 두꺼비처럼 추한

as **vain** as **a peacock** 공작처럼 허영심이 강한

as **warm** as **wool** 양털처럼 따뜻한

as **watchful** as **hawk** 매처럼 호시탐탐 노리는

as **wet** as **a drowned rat** 물에 빠진 생쥐처럼

as **white** as **sheet** 종잇장처럼 창백한

재밌는 퍼즐로 영단어도 외우고 어휘도 업그레이드 시킨다

PUZZLE 008

Answer 211p

❶ 검은, 검정색

_____ and white 흑백의

❹ 슬픈, 애석한

❺ 부엌. in the _____ 부엌에서

 * chicken (닭, 병아리, 애송이)과 혼동하지 않도록 주의할 것.

❼ 돼지

❾ 숨기다, 감추다

⓫ 책상

⓬ 달. _____light 달빛

⓭ 금

❷ 호수, 못

❸ 고양이

❹ 자다, 잠

_____less 잠못 이루는

❻ 새장, 우리

bird _____ 새장

❽ 그것의, 복수는 their

❾ 영웅, 용사

❿ 아래로, 아래쪽에

come _____ 내려오다

⓫ 개

통통 튀는 영어지식 충전소

● 전치사

전치사는 영어에서 매우 중요하게 다루어지고 있으며 말 그대로 명사나, 대명사, 동명사 앞에 놓여 수식한다. 중요 전치사에 대해 알아보도록 하자.

▶ at
at의 본질적 의미는 '장소, 시간' 의 한 점을 나타낸다. 가격, 속도, 비율, 상태, 원인 등의 의미는 이 '한 점' 의 의미에서 파생한 것이다.

Let us begin at page three. 3쪽부터 시작하자.

▶ by
by의 본질적 의미는 '근접'을 나타낸다.

He was standing close by me. 그는 내곁에 서 있다.

▶ for
for의 본질적 의미는 '목표, 목적'을 나타낸다.

He always reads for amusement.
그는 오락 목적으로 늘 독서한다.

▶ from
from의 본질적 의미는 '출발점'을 나타낸다.

He has just come back from America.
그는 미국에서 방금 돌아왔다.

▶ in

in의 본질적 의미는 '내부' 를 나타낸다.

He lives in **London.** 그는 런던에 살고 있다.

▶ of

of 의 본질적 의미는 '기원' 을 나타낸다.

That comes of **being careless.** 그것은 부주의에서 생긴다.

▶ on

on의 본질적 의미는 '표면과의 접촉' 을 나타낸다.

There is a lamp on **the table.** 테이블 위에 등이 있다.

▶ to

to의 본질적 의미는 '방향, 도착' 을 나타낸다.

I agree to **your proposal.** 나는 너의 제안에 찬성한다.

▶ with

with의 본질적 의미는 '동반' 을 의미한다.

Bring your books with **you.** 너의 책을 가지고 와라.

재밌는 퍼즐로 영단어도 외우고 어휘도 업그레이드 시킨다

PUZZLE

009

Answer 212p

❶ 걷다, 산보하다, 걷기

   take a _____ 산책하다

❸ 움직이다, 이동하다, 감동하다

   _____ about 돌아다니다

❺ 나뭇잎. 복수형은 leaves

❻ 한 개, 한 사람, 구성 단위

   _____e = join 결합하다, 연합하다

❼ 다음에, 다음

❿ 언제나, 여태껏

   for _____ 영원히, _____green 상록수

⓬ 언덕, 동산

   _____y 언덕이 많은, 험준한, _____ top 언덕배기

⓭ 다량의, 많은, 매우(이 단어 다음에는 셀 수 없는 명사가 온다.)

❶ 환영하다, 환대

   You're _____. 천만에요

   _____ to Korea. 한국에 잘 오셨습니다

❷ 배우다, 익히다, 알다

   _____ing 학식

   _____ to A A를 배우다, A를 익히다

❸ 분, 잠시. in a _____ 즉시, 당장

❹ 방문하다, 머무르다. _____ant 방문자, 방문객

❽ 지구, 육지

❾ 구멍, 틈

⓫ he의 목적격

통통 튀는 영어지식 충전소

● 비교급의 사용법

비교급은 말 그대로 다른것과 비교를 하는 것으로 '더 ~하다' 라고 말할 때 사용된다. 주로 형용사를 활용한다.

원급	비교급	최상급
long tall	longer taller	longest tallest
large late	larger later	largest latest
hot fat	hotter fatter	hottest fattest
happy pretty	happier prettier	happiest prettiest
beautiful famous	more beautiful more famous	most beautiful most famous

동등 비교

as + A + as + B   B 만큼 A하다

Anna is as cute as Jane. 안나는 제인만큼 귀엽다.
He is as tall as Mark. 그는 마크만큼 키가 크다.

비교급 비교

대체로 2명을 비교할 때 사용합니다.

> A(비교급) + than + B   B 보다 더 A 하다

She is prettier than Jane.   그녀는 제인보다 더 예쁘다.
He runs faster than Mark.   그는 마크보다 더 빠르다.

최상급 비교

> the + 최상급   가장 ~한

2명 이상 중 다수에서 최고를 가리킬 때 쓰는 표현으로 대체로 in my class, in his family, in the world, of all 등을 넣어서 표현 하기도 합니다.

Summer is the hottest season.   여름은 계절 중 가장 덥다.
Seoul is the most beautiful city.   서울은 가장 아름다운 도시이다.
This is the largest fish in our market.
그 생선은 우리 가게에서 가장 큰 생선이다.

재밌는 퍼즐로 영단어도 외우고 어휘도 업그레이드 시킨다

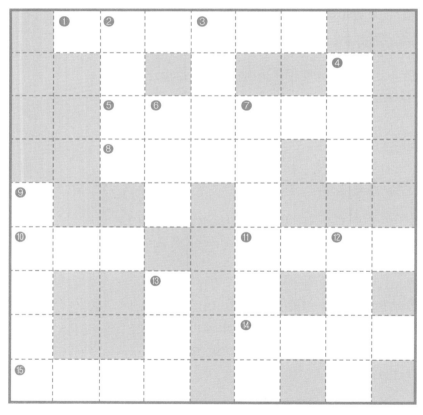

Answer 212p

❶ 밝은, 빛나는

❺ 아프리카

❽ 둔한, 어리석은, 싫증난

❿ 자부심, 자아. _____ist 이기주의자

⓫ 이름

What's your _____ ? 이름이 뭐니?

⓮ 노래하다, 노래

_____ a song 노래 부르다

⓯ 규칙, 법칙

as a _____ 대개

❷ 읽다, 해독하다

_____ing 독서

❸ 소녀, 반대말 boy

❹ 전쟁

at _____ 전쟁 중,

the art of _____ 병법, 전술

❻ 재미, 즐거움. make _____ of 놀리다

❼ 질병, 병, ill의 명사

❾ 결코, ~않다

_____ more 앞으로는 ~ 않다, 다시는 ~ 않다

⓬ 많은, 매우, 다음에는 셀 수 있는 명사가 온다

⓭ (먹는) 파이

45

통통 튀는 영어지식 충전소

● 각 나라별 축제

독일 - 옥토버페스트(Octoberfest)

매년 9월 셋째 주 토요일부터 10월 첫째 일요일까지 16일간 열리며 독일 국민은 물론 전 세계 관광객이 이 축제를 즐기기 위해 모여든다. 1810년에 시작된 이 축제는 세계 3대 축제 중 하나로 전통과 규모면에서 최고라 할 수 있다. 가장행렬과 맥주마시기, 음악제가 열리며 이국에서의 새로운 분위기를 느낄 수 있다.

프랑스 - 칸 국제 영화제(Cannes International Film Festival)

프랑스 남부 휴양 도시 칸(cannes)에서 매년 5월에 열리는 국제 영화제로 세계 3대 영화제 중 하나이다. 칸영화제는 영화의 예술적인 수준과 상업적 효과의 균형을 잘 맞춤으로써 세계 영화의 만남의 장으로서 명성을 얻게 되었다. 또한 영화 상영 외에도 토론회 · 트리뷰트 · 회고전 등 많은 문화예술 행사를 병행하고 있다.

이탈리아 - 베네치아 카니발(Venezia Carnival)

물의 도시 베네치아에서 열리는 이탈리아 최대 카니발. 1268년에 처음 시작되었으며 사순절의 2주 전부터 열린다. 화려한 패션과 다양한 가면을 구경할 수 있는 가면 축제로 이 행사의 백미는 가면을 쓰고 자신을 숨긴 상태에서 축제를 즐길 수 있다는 점이다. 축제 기간 곳곳에서 연극공연, 공중 곡예 서커스 등이 진행된다.

스페인 - 라토마티나(La Tomatina)

토마토 축제로 잘 알려진 60년 전통을 자랑하는 라토마니나는 약 120톤의 토마토를 거리에 쏟아 놓고 마을 주민과 관광객들이 토마토를 서로에게 던지며 즐기는 축제로 거리는 토마토로 강을 이룬다. 토마토 축제가 열리는 일주일 동안 불꽃놀이와 공연,

음식 축제 등도 함께 열려 세계에서 가장 많은 축제가 열린다는 스페인에서도 단연 손꼽히는 축제이다.

브라질 - 리우 카니발(Rio carnival)

삼바 축제로 매년 2월 말부터 3월 초 사이에 4일간 축제가 열리는데 이때는 토요일 밤부터 수요일 새벽까지 밤낮을 가리지 않고 축제가 열린다. 해마다 리우 카니발이 열릴 때면 전 세계에서 약 6만 명의 관광객이 찾아오고, 브라질 국내 관광객도 25만 여 명에 이른다. 브라질을 찾는 전체 관광객의 3분의 1에 해당되는 사람들이 리우 카니발이 열리는 시기에 맞춰서 온다. 세계 3대 축제 중 하나로 꼽힌다.

태국 - 송끄란축제(Songkran Festival)

타이를 대표하는 문화 축제로 '물의 축제'라고도 하며 매년 4월 13일부터 15일까지 3일간 타이 주요도시에서 열린다. 송끄란축제 행사 가운데 가장 유명한 것은 지나가는 행인들에게 물을 뿌리는 것이다. 물뿌리기는 불교국가 타이에서 부처의 축복을 기원하기 위해 불상을 청소하는 행위에서 유래하였다. 축제에 참여한 모든 사람들을 축복한다는 뜻으로 서로에게 물을 뿌리는 데 특히 관광객들에게 인기가 높다.

일본 - 삿포르 눈축제(Sapporo Snow Festival)

일본의 대표적 축제이자 세계 3대 축제 중 하나이다. 1950년 삿포르 시내의 중·고등학생이 6개의 얼음조각을 오도리 공원에 전시하면서 축제의 역사가 시작되었다. 눈과 얼음으로 만든 각종 건축물을 만나 볼 수 있다.

재밌는 퍼즐로 영단어도 외우고 어휘도 업그레이드 시킨다

PUZZLE

011

Answer 213p

48

❶ 저리로, 저편으로. run _____ 도망가다

가로 열쇠

❸ 얼마간, 어떤, 다소, 얼마쯤

_____ money 약간의 돈

_____body 어떤 사람

_____day 언젠가

❹ 묻다, 신문하다, 문의하다(=ask)

❽ 교활한, 음흉한. on the _____ 살짝, 남모르게

❿ ~후에. in _____ years 후년에

⓬ am, is의 과거형

⓭ 춤. _____r 댄서, 춤 추는 사람

⓮ 아직, 벌써, 여태

and _____ 그래도

as _____ 지금까지는

❷ 기다리다, 대기하다, 기대하다

세로 열쇠

_____ for A A를 기다리다

❸ 항해하다, 돛, sale(팔다)와 발음이 같다

❺ 뱀장어

❻ ~으로부터, 멀리 떨어진, 연결, 작동이 안되는

_____ and on 하다 말다, 이따금씩

❼ 적은, 별로 없는

a _____ 조금, quite a _____ 상당히 많은

❾ 예, 그래(↔ no)

⓫ 나쁜, 불량한. _____ man 깡패, 불량배

⓬ 왜, 어째서

_____ me? 왜 나야?

49

통통 튀는 영어지식 충전소

● 신체에 관한 표현과 단어

How tall are you?
키가 얼마나 되죠?

How much do you weigh?
체중이 얼마입니까?

I'm trying to watch my waist line.
허리가 굵어질까봐 조심하고 있습니다.

He's tall and slender.
그녀는 키가 크고 날씬합니다.

He's left-handed.
그는 왼손잡이입니다.

You changed your hair style.
머리 모양을 바꾸셨군요.

I have a splitting headache.
머리가 깨지는 것 같이 아픕니다.

I have a stomachache.
배가 아파요.

My ears are plugged up.
귀에 뭐가 들어갔습니다.

hand
(손목에서 손가락까지) 손

hair 머리카락

wrist 손목

head 머리

nose 코

ear 귀

mouth 입

neck 목

shoulder 어깨

elbow 팔꿈치

back 등

chest 가슴

waist 허리

arm 팔

hip 엉덩이

finger 손가락

leg 다리

knee(k는 묵음)
무릎

ankle
발목

foot 발

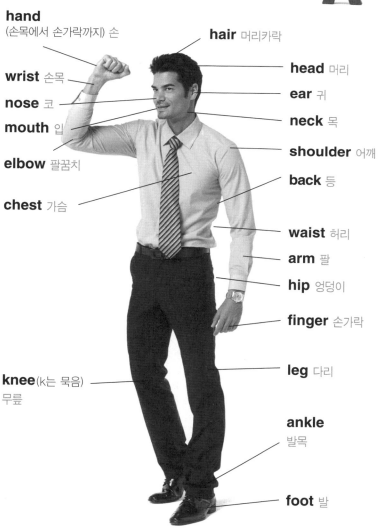

재밌는 퍼즐로 영단어도 외우고 어휘도 업그레이드 시킨다

012

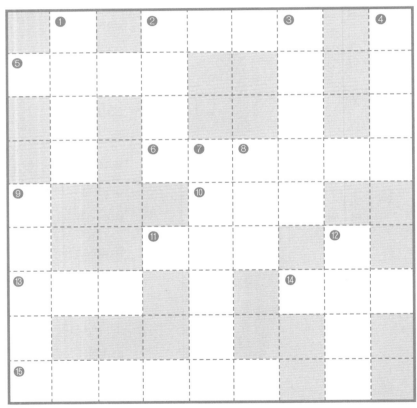

Answer 213p

❷ 머리카락. _____ cut 이발
❺ 희망, 기대하다, 바라다
   You are my _____ . 너는 나의 희망이다
❻ 둘 중 어느 것이든
   _____ A or B A든가 B든가
❿ ~이 아니다
⓫ 이브, (종교 축일, 명절 등의) 전날 밤
⓭ 놓다, 쌓다. _____out 설계하다
⓮ 멀리. _____away 먼 옛날의
⓯ 꽤, 약간, 상당히
   _____ than A A보다 더 나은

❶ 추운(↔ hot), 냉정한
   have a _____ 감기에 걸리다
❷ 여기에, 여기에서, 이곳
   _____about 이 근방에
❸ 올바른, 오른쪽, 권리
   _____ handed 오른손잡이의, 오른쪽으로 도는
❹ 가난한(↔ rich) , 열등한
   _____ box 자선함
❼ 초대하다, 초청하다
❽ 발가락, (구두, 양말의) 앞부리
❾ 색, 빛깔. _____ blind 색맹의
⓬ 공원, 유원지, 주차하다
   _____ing 주차
   a baseball _____ 야구장

53

통통 튀는 영어지식 충전소

● 병원에 관한 용어

see a doctor 진료를 받다
make an appointment 예약을 하다
enter the hospital 입원하다
leave the hospital 퇴원하다
get worse 악화되다
get better 호전되다
be in hospital 입원중이다
be seriously(sightly) ill 중병(가벼운 병)이다
be ill in bed 병으로 눕다
be taken ill 병에 걸리다
take medicine 약을 먹다

● 병원에 관한 단어

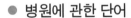

doctor 의사
nurse 간호사
patient 환자
surgery 수술
pediatric 소아과
ambulance 구급차

medical checkup 건강진단
treatment 치료
reception 접수창구
prescription 처방전, 처방한 약
cancer 암
heart disease 심장병

neurosis 노이로제
influenza 독감
pneumonia (p묵음) 폐렴
injection 주사

● 건강에 관한 용어

lack of sleep 수면부족
be good for the health 건강에 좋다
be bad for the health 건강에 해가 된다
lost one's health 건강을 해치다
recover one's health 건강이 회복되다
promote(keep) one's health 건강을 증진하다(유지하다)
put on weight 체중을 늘리다
take good care of oneself 건강에 주의하다
moderate exercise 적당한 운동

재밌는 퍼즐로 영단어도 외우고 어휘도 업그레이드 시킨다

PUZZLE

013

Answer 214p

❶ 상당히, 지극히. _____ a few 상당수

가로 열쇠

❸ 장난감

❺ 정력, 힘, 에너지

❻ Korean Standard 한국공업 규격의 약자

❽ 아무것도 ~ 않다, 조금도 ~ 않다

I have _____ 나는 가진 게 아무것도 없다

⓫ 하게 하다, 시키다

_____ be 내버려 두다

⓭ 듣다. Do you _____ me? 내말 알아들었니?

⓮ 이기다, 승리. _____ner 승리자

⓯ 호텔

❶ 여왕

세로 열쇠

❷ 영어, 영국의, 영어의

I can speak _____. 나는 영어로 말할 줄 안다

❹ 오크(나무)

❼ 해

❾ 빚지다, 은혜를 입다

⓾ 거인

⓫ 낮은, 낮게

⓬ 10, 열

통통 튀는 영어지식 충전소 ←

● 영어의 약어 및 약칭

British broadcasting corporation BBC(영국방송협회)
International Olympic Committee IOC(국제 올림픽 조직 위원회)
Free Trade Agreement FTA(자유무역협정)
unidentified flying object UFO(미확인 비행 물체)
United Nations UN(유엔)
United States of America USA(미합중국)
chief executive officer CEO(최고경영자)
office automation OA(사무자동화)
not applicable N/A(해당사항 없음)
Nonproliferation Treaty NPI(핵확산 금지조약)
creative commons license CCL(저작물 이용 허락표시)
information technology IT(정보통신기술)
European Union EU(유럽 연합)
World Trade Organization WTO(세계무역기구)
original equipment manufacturer OEM(주문자 상표 부착생산)
Portable Multimedia Player PDP(휴대용 멀티미디어 플레이어)
Non-Governmental Organization NGO(비정부기구)
physical training PT(체력훈련)
public relations PR(홍보)
very important person VIP(일급 귀빈)

intelligence quotient IQ(지능지수)

emotional quotient EQ(감성지수)

Company Limited Co. Ltd(유한회사)

Palestien Liberation Organization PLO(팔레스타인 해방기구)

commercial film CF(상업영상)

free agent FA(자유계약선수)

User Created Contents UCC(사용자 제작 콘텐츠)

attention deficit hyperactivity disorder
ADHD(주의력 결핍 및 과잉행동 장애)

product placement advertisement
PPL(영화나 드라마에 소도구 제품을 소도구로 삽입하여 노출시키는 광고)

Asia-Pacific Economic Cooperation
APEC(아시아 태평양 경제협력 회의)

United Nations Educational, Scientific and Cultural
Organization) UNESCO(유네스코, 국제연합교육과학문화기구)

Organization of Petroleum Exporting Countries
OPEC(석유수출국기구)

acquired immune deficiency syndrome
AIDS(후천성 면역 결핍증)

재밌는 퍼즐로 영단어도 외우고 어휘도 업그레이드 시킨다

PUZZLE

014

Answer 214p

❶ 항상, 언제나

❹ ~을 위하여. _____ you 너를 위하여

❺ 두뇌, 뇌, 지력

_____less 머리가 둔한, 어리석은

❼ 날다, 날리다, 파리

❽ ~라도, ~조차, 고른, 평평한

_____ if 비록 ~일지라도

⓫ 그밖에, 달리

⓭ 한 번의, 예전에

_____ upon a time 옛날에

_____ again 한 번 더

⓮ 상점, 가게. book _____ 서점

❷ 큰(↔ small), 다수의

❸ 수영장, 웅덩이

swimming _____ 수영장

❻ 9, 아홉

❼ 빠른, 날랜, 빨리

❾ 목소리, 음성, 발언

_____d 소리의, 소리로 낸

⓾ 시원한, 서늘한

⓬ 보다, 만나다, 이해하다

I _____ 잘 알았어

_____ to A A에 주의하다

61

통통 튀는 영어지식 충전소

● 식당에서 쓰는 표현회화

외국에 가면 식당에 갈 일이 생길 것이다. 물론 패스트푸드(fast food)나 간난한 스낵(snack)점에 들러 먹을 수도 있지만 좀 더 분위기를 내기 위해서는 레스토랑(restaurant)에서 음식 주문(order)도 해보자.

I have a reservation, My name is OOO.

예약을 했습니다. 내 이름은 OOO입니다.

This way, please.

이쪽으로 오세요.

Can I see a menu?

메뉴 좀 볼 수 있을까요?

May I take your order?

주문 하시겠어요?

What's the special of the day?

오늘의 스페셜 메뉴가 뭡니까?

Will you have some dessert?

디저트 드시겠어요?

How did you like the meal?

식사가 마음에 드셨습니까?

It couldn't have been better, thank you.

더할 나위 없이 좋았습니다. 감사합니다.

● 식당에 관한 단어

appetizer 에피타이져

soup 스프

salad 샐러드

main course 메인 요리

steak 스테이크

pork cutlet 돈가스

child's meal 어린이 메뉴

cafeteria 간이식당

rare 살짝익힌

salad bar 샐러드 뷔페

vegetarian 채식주의자

waiter(waitress) 종업원(여종업원)

check(bill) 계산서

delicious 맛있는

spicy 매운, 맛이 강한

bitter 쓴

sour 신

salty 짠

재밌는 퍼즐로 영단어도 외우고 어휘도 업그레이드 시킨다

015

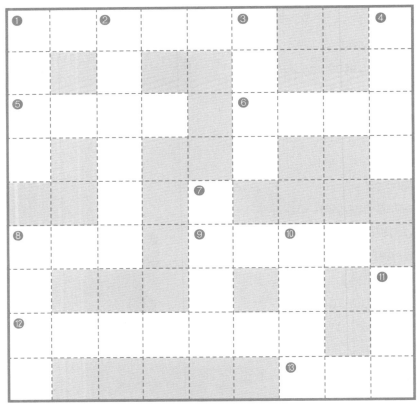

Answer 215p

64

① 동물, 짐승, 동물의

⑤ 늦은, 지각한

　　of _____ 요즘, 최근(=lately)

⑥ 농장, 농원, 경작하다

⑧ 아빠

　　I believe _____. 나는 아빠를 믿어요

⑨ 오직, 다만

　　_____ you. 오직 너만

⑫ 주소

　　_____ book 주소록

⑬ 먹다. _____ out 외식하다

① 유능한, 할 수 있는, 능력 있는

　　be _____ to = can

② ~하려고 생각하다, ~ 할 작정이다

　　_____ going to~ ~에 갈 예정이다

③ 왼편의, 왼쪽에(↔ right)

④ 가정, 집, 고향

⑦ 오다(↔ go)

　　_____ true 실현되다, 이루어지다

　　_____ on! 이리로 와!

⑧ 그리다

　　_____ing paper 도화지

⑩ 잃다, 놓치다

　　I _____ 내가 졌다

⑪ 뜨거운, 더운

65

통통 튀는 영어지식 충전소

● 이렇게 해서 생긴말

America는 탐험가의 이름에서

콜럼버스가 대서양을 횡단하여 신천지를 발견한 해가 1492년. 하지만 콜럼버스는 죽을때까지 그곳이 인도의 일부라고만 알았지 광대한 대륙이라는 것을 몰랐다. 그 후, 이탈리아의 탐험가 아메리고 베스푸치가 신대륙에 관한 글과 지도를 썼으므로 그의 이름을 따서 아메리카로 부르게 되었다.

science는 과학, 학문

과학이 발달한 덕택에 인류는 편리한 생활을 영위하고 수명이 연장되었는데, 이것은 인간이 지식을 쌓아왔기 때문이다. science는 이것을 잘 말해주고 있다. 어근 scire는 라틴어로 '알다'의 의미이며, scientia는 '지식' 이라는 뜻으로 지식을 어원으로 하고 있다.

victory는 '빅토리아 여신'에서 유래

주피터가 거인족(Titans)을 정벌할 때, 그들은 거인족들에게 고전을 면치 못하고 있었다. 그때 빅토리아 여신의 도움으로 겨우 승리를 얻게 되었다. 빅토리아는 그리스 신화의 나이키(Nike)에 해당한다.

China는 '진' 나라에서

중국을 China라고 부르는 것은, 옛날 중국의 '진' 나라에서 비롯된다.

기원전의 일이지만, 소국에 불과했던 '진'이 대국인 '주' 나라를 멸망시키고 천하를 통일한다. 그리고 만리장성을 쌓는 등 그 세력은 하늘을 찔렀다. 그런데 이 '진'이라는 이름이 이탈리아어의 Cina, 프랑스어의 Chine로서 전해지고, 마침내 영어의 China가 되었다.

slave는 '슬라브 족'에서

slave족은 5세기, 대로마제국이 쇠퇴하면서 게르만 민족의 일파인 프랑크족이 투창을 무기로 로마군을 격퇴하고 그들의 나라를 세웠다. 이것이 후에 프랑스가 된다. 그런데 원래 이 땅에 살아온 슬라브족(Slav)족은 그들에게 정복되어 노예(slave)의 신분으로 전락했다. 이리하여 '노예(slave)'의 어원이 Slav에서 시작됐다.

dollar는 '체코의 마을 이름'

'달러'는 미국, 캐나다, 오스트레일리아, 홍콩 등의 화폐 단위로 쓰이고 있다. 달러의 유래는 체코슬로바키아의 보헤미아 지방에 Daler라는 이름의 마을이 있는데. 이 마을 가까이에서 은 광산이 개발되고, 1519년에 이 마을에서 은화가 주조되었다. dollar는 이 마을의 이름에서 유래한 화폐 단위이다. 단순히 dollar라고 말할 때에는 미국 달러를 의미한다.

Arabia는 '유목민'의 뜻

아라비아 민족은 태고에 렌즈를 만들어 천체를 관측하거나, 숫자를 발명하고, 삼각법을 발견하는 등, 수학 발전에 큰 기여를 하였다. 이에 우리는 숫자를 아라비아 숫자라고 일명한다.

Answer 215p

❶ 파랑, 하늘빛의, 우울한. _____ jeans 청바지

❸ city보다 작은 도시, 도회지

❺ 태어나다, 생기다, 천성의

　　be _____ 태어나다

❻ 유지하다, 지키다, 간직하다. _____ away 멀리하다

❼ (특정한 장소, 위치에) 놓다, 두다

　　_____ting 놓기, 고정

❿ 간청하다, 구걸하다, 부탁하다

　　_____ for 빌다, 원하다,

　　_____gger 거지, 동냥아치

⓫ 약한, 미약한

⓭ 가르치다. _____er 선생님

⓮ ~만큼, ~처럼

　　_____ soon _____ A A를 하자마자,

　　_____ far _____ ~까지

❶ 책

❷ 아래의, 밑에. _____age 미성년의

❸ 테이블, 탁자

❹ 따뜻한, 친절한. _____ hearted 마음씨가 따뜻한

❼ 톱

❽ 눈물, 찢다, 할퀴다

　　_____ drop 눈물 방울, _____ of joy 기쁨의 눈물

　　in _____s 눈물을 흘리며

❾ 시험, 평가하다

　　oral _____ 구두 시험

　　pass the _____ . 시험에 합격하다

⓬ we의 목적격, 우리에게, 우리를

통통 튀는 영어지식 충전소

● 학교에 관한 표현회화

Which school are you attending?
어느 학교에 다니세요?

What grade are you in?
몇 학년입니까?

What are you majoring at?
전공이 무엇입니까?

Do you have fun in school?
학교 생활은 재미있나요?

He is two years my senior.
그는 저의 2년 선배입니다.

When are you to break up for the summer vacation?
언제 여름방학을 합니까?

We went to school together.
우리는 동기동창입니다.

The school year is divided into two terms.
한 학년은 2학기로 나누어져 있습니다.

● 학교에 관한 단어

kindergarten 유치원
elementary school 초등학교
junior high school 중학교
(senior) high school 고등학교

commercial high school 상업고등학교
technical high school 공업고등학교
agricultural high school 농업고등학교
principal 교장
professor 교수
dormitory 기숙사
university 종합대학
college 단과대학

graduate school 대학원
graduate 졸업하다
diploma (graduate) 졸업증
sign up for a class 수강신청을 하다
auditorium 강당
school reunion 동창회
classmate 반급우

재밌는 퍼즐로 영단어도 외우고 어휘도 업그레이드 시킨다

PUZZLE

Answer 216p

❶ 상자, 경우, 사건

   in _____ ~의 경우

   in _____ of ~의 경우에는

❺ 타다, 데리고 가다, 잡다

   _____ away 치우다, 제거하다

❻ 말하다, 이야기하다

   _____ back 말대꾸하다

❼ 백합

⓫ 마지막의, 최종의. _____s 결승전

⓬ 거짓말, 거짓, 동사는 lying

⓭ 독수리

⓮ 만약에, 만약 ~라면

   even _____ ~일지라도

❶ 잡다, 붙들다

   _____ at 잡으려 하다, (의견) 받아들이다

❷ 팔다, 장사하다

❸ (동물의) 꼬리

❹ 잘, 적당하게, 건강한

   as _____ as A 게다가, A와 마찬가지로

❽ 안쪽의, 내부의

❾ 소리치다, 외치다

❿ 주다(↔take)

   _____ up 포기하다

⓫ 떨어지다

73

통통 튀는 영어지식 충전소

● 전화 표현회화

오늘 John에게 전화를 걸어보도록 하자.

Hello. Is this Mr. John? 존 네 집입니까?
Is this 567-8598? 거기가 567-8598입니까?
Isn't this Mr. John's residence? 존 댁 아닙니까?

이렇게 전화를 맞게 걸었는지 확인한 후 다음 대화를 이어 나간다. 존이
직접 받았다면 **speaking** 이라고 대답할 것이다. 혹시 다른 사람이 받았
다면 다음과 같이 표현한다.

May I speak to Mr. John?
Is John there? 존씨 부탁드립니다.

존이 전화를 건 사람이 누군지 모를 경우에는

Who's this?
Who's calling, please?

※ 전화에서는 Who are you? 라는 표현을 사용하지 않는다.

만약 존이 받지 않고 다른 사람이 받았을 경우에는

Hold on. ~ ~ Here is John.
Hold on(wait) just a moment.
Hold on a second. 잠시만 기다려주세요.

만약 존이 있지 않다면

Sorry. He is out now.
Would you like to leave a message?

라고 혹시 남길 말이 있는지 물어본다.

메시지를 남기고 싶다면 May I leave a message? 라고 말한 뒤 아래의 표현을 쓴다.

When he comes back, please ask him to call me.

존이 돌아오면 저한테 전화해달라고 해 주세요.

My number is 546-2311. 제 번호는 546-2311입니다.

※ 전화번호를 말할 때는 하나하나 읽고 0은 [ou]라고 읽는다.

전화번호 숫자가 겹칠 때에는 double을 붙인다.

double three one four. 3314

※ 1334 이때는 double을 사용할 수 없다.

전하고 싶을 말이 없을 때에는

No, thank you. I'll call him back later.

아니오, 감사합니다. 제가 나중에 다시 걸겠습니다.

이렇게 대화를 마무리 한다.
전화 영어 이렇게 실천하면 어렵지 않게 대화할 수 있을 것이다.

재밌는 퍼즐로 영단어도 외우고 어휘도 업그레이드 시킨다

PUZZLE

018

Answer 216p

❶ 시골, 나라, 지방
❻ 공항
❼ 어떻게, 얼마나

_____ are you? 안녕하세요?

_____ to do 방법

_____ come! 어떻게, 어째서!

❾ 악마, 마귀, 못살게 굴다
⓫ 택시

catch a _____ 택시를 잡다

⓭ 제목, 표제, 표제를 달다

_____d 직함이 있는

⓮ 그, 저, ~이라는 그것

❷ 사무실, 직무
❸ 젊음, 청춘

a _____ of twenty 20세의 청년

❹ 스키, 스키 타다

Can you _____ ? 스키 탈 줄 아니?

❺ 코일, ~을 감다
❽ 흰색, 하얀. _____ christmas 화이트 크리스마스
❾ 날짜

out of _____ ~구식의

❿ 투표, 표, 투표하다, 선출하다

_____ right 선거전

⓬ 예술, 미술, 기술

_____ is long 예술은 길다

77

통통 튀는 영어지식 충전소

● 시간에 관한 영어 표현회화

시간을 물어볼 때 쓰는 표현은 아래와 같다.

What time is it?
Could you tell me what time it is?
Do you have the correct time?
Do you happen to have the time?
Do you know the time?

※ 중요한 것은 time 앞에 꼭 the를 붙여야 한다는 것이다.

만약 **the**를 붙이지 않고 아래와 같이 물어보면 다른 뜻이 된다.

Could you give me time?

이라고 했을 때는 "시간 있으십니까?"로 시간을 묻는 것이 아니고 나와 함께 할 시간이 있는지 물어보는 것이 된다.

시간이 정시일 때의 표현은 아래와 같다.

It's 2 o'clock.
It's exactly 2 o'clock.
It's 2 o'clock sharp.

대략적인 시간을 말할 때의 표현은 아래와 같다.

It's almost 7:00. / It's just after 7.

이제 약속시간을 정하는 표현들에 대해서 알아보자.

Do you have time next Sunday?
다음주 일요일에 시간 있으세요?

Are you available today? 오늘 시간 있으세요?

What time is good for you? 언제가 좋으세요?

Can you spare some time tomorrow?
내일 시간 좀 내줄 수 있으세요?

어느 시간에 만나는 것이 좋은지 물어보는 표현들로 대답시에는 다음 표현을 쓰면 된다.

Anytime. / Whenever. 언제든지요.

It's up to you. 그쪽이 정하세요.

I have no plans in the evening. 저녁에 아무 계획 없어요.

Anytime after seven. 7시 이후에 아무때나요.

혹시 만날 시간이 안될 때는 이렇게 대답한다.

I don't have time. 시간이 없어요.

I have a full schedule. 스케줄이 꽉 차있네요.

재밌는 퍼즐로 영단어도 외우고 어휘도 업그레이드 시킨다

019

PUZZLE

Answer 217p

80

❸ 오후, afternoon, 라틴어 post meridiem의 약자
❹ 누이 동생, 여자 형제
❼ 키가 큰
❽ 페이지, 쪽, 페이지를 매기다
❾ television(텔레비젼)의 약자
❿ 나 자신
⓭ 지금, 이젠
   just _____금방, 방금
⓮ 정확한, 틀림없는, 정밀한

❶ 보통, 대개, 대체로
❷ 깊은, 깊이
   _____en 깊게 하다
❺ 소금, 식염
   _____ed 소금에 절인, 소금을 친
❻ 떠나다, 출발하다
   _____ off 그만두다, 중지하다
❿ man의 복수형, 남자들
⓫ 꿰매다, 깁다
   _____er 재봉사
⓬ 여우, 교활하게 굴다

통통 튀는 영어지식 충전소

● few와 little의 차이점

few는 수를 표시할 때, little는 양을 표시할 때 사용한다.

> **a few / a little** 조금 있는
> **few / little** 거의 없는

I have **a few** friend. 나는 친구가 몇 명 있다.
I have **few** friend. 나는 친구가 거의 없다.

I have **a little** money. 나는 돈이 조금 있다.
I have **little** money. 나는 돈이 거의 없다.

I have **a little** time. 나는 시간이 조금 있다.
I have **little** time to waste. 나는 허비할 시간이 거의 없다.

● look for와 find의 차이점

> **look for** 찾는 과정을 나타내며, 진행형이 가능하다
> **find** 찾았다는 결과를 나타내며, 진행형 불가

What are you **looking for**? 무엇을 찾고 있는 거야?
I have **found** my lost bag. 잃어버렸던 가방을 찾았어.

- **during과 for의 차이점**

during 다음에는 (특정한 기간)
for 다음에는 (정확한 기간)

during the vacation 방학 동안에
during stay in Seoul 서울에 머무르는 동안

for five days 5일 동안
for two months 두 달 동안

- **hear과 listen의 차이점**

hear 본인의 의지와 상관없이 들린다는 뜻
listen 들으려는 의지가 담겨 있음

Did you **hear** that? 저 소리 들었어?
Listen to the music 음악소리를 들어봐.

재밌는 퍼즐로 영단어도 외우고 어휘도 업그레이드 시킨다

PUZZLE

020

Answer 217p

③ 포크

　　＿＿＿＿＿＿ and knife 포크와 칼

⑥ 분필, 백묵

　yellow ＿＿＿＿＿＿ 노란 분필

⑦ 뉴스, 새로운 소식

　＿＿＿＿＿＿boy 신문 파는 소년

⑧ 가장자리, 변두리, 날을 세우다

⑪ 행위, 행동, 행하다

⑫ 앞쪽에, 앞서서, 능가하여

　be ＿＿＿＿＿＿ 우세하다, go ＿＿＿＿＿＿ 전진하다

⑬ 부러움, 부러워하다

① 감사, 감사하다

　＿＿＿＿＿＿ you 감사합니다,

　＿＿＿＿＿＿ful 고마워하는,

　＿＿＿＿＿＿less 은혜를 모르는

② 꽃, 화초, 꽃이 피다

　in ＿＿＿＿＿＿ 꽃이 피어, ＿＿＿＿＿＿ bed 꽃밭

④ ~의, ~에 속하는, ~에 관한

　＿＿＿＿＿＿ course 물론

⑤ 칼

⑧ 메아리, 산울림, (그리스 신화) 숲의 요정

⑨ 기쁜, 기꺼운

　＿＿＿＿＿＿ to meet you 만나서 반갑다

⑩ 게임, 오락, 경기

85

통통 튀는 영어지식 충전소

● 영어의 8품사를 알아보자.

❶ Noun 명사(n.)

사람, 동식물이나, 사물의 이름을 나타내며 사용범위에 따라 보통명사와 고유명사로 나뉜다. 문장에서는 주어, 목적어, 보어로 쓰인다.

예 moon 달, desk 책상, book 책, dog 개, Korea 한국

I like a **book**. 나는 책을 좋아한다.

❷ Pronoun 대명사(pron.)

사람이나 사물, 장소 등의 이름을 대신하여 쓰이며 인칭대명사와 지시대명사로 나뉘다.

예 she 그녀, he 그, I 나, You 너, this 이것, Who 누구

She is a teacher. 그녀는 선생님이다.

❸ Verb 동사(v.)

사람, 사물, 동물의 움직임이나 활동을 나타내며 주로 서술적인 의미로 쓰인다. 문장에서 가장 중요한 부분을 맡고 있다해도 과하지 않다. 동사를 잘 사용하느냐 마느냐에 따라 영어 실력이 판가름 날 정도다.

예 go 가다, come 오다, eat 먹다, have 가지다

I **love** you. 나는 너를 사랑한다.

❹ Adjective 형용사(a.)

사람, 동물, 사물의 성질을 나타내며 문장에서는 보어로 쓰인다. 명사를 수식하여 서술어 구실을 하며 부사의 수식을 받는다.

예 happy 행복한, good 좋은, shy 수줍은, pretty 예쁜
She is **cute**. 그녀는 참 귀엽다.

❺ Adverb 부사(ad.)
시간, 장소, 방법 등을 주로 나타내며 수식하는 어구나 문장의 뜻을 세밀하고 분명하게 나타내 준다. 동사, 형용사, 다른 부사를 수식하며 문장 전체를 수식하기도 한다.

예 now 지금, very 매우, often 종종, always 언제나
I **always** study hard. 나는 언제나 공부를 열심히 한다.

❻ Conjunction 접속사(conj.)
단어와 단어, 문장과 문장을 이어준다.

예 and 그리고, but 그러나, or 또는
I like ice cream **and** candy. 나는 아이스크림과 사탕을 좋아한다.

❼ Preposition 전치사(prep.)
문장 또는 다른 어구와의 문법적 관계를 나타내 주고 명사의 앞에 놓여 다른 말과의 관계를 나타내 준다.

예 on ~ 위에, with ~와, from ~로부터
My book is **on** the desk. 내 책은 책상위에 있습니다.

❽ Interjection 감탄사(int.)
놀람, 기쁨 등의 감정을 나타내 준다.

예 oh! 와~, wow 와우~

재밌는 퍼즐로 영단어도 외우고 어휘도 업그레이드 시킨다

PUZZLE

021

Answer 218p

❶ 앨범, 사진첩, 음반

❻ 동등한, 평등한, ~와 같다. _____ mark 부등호(=)

❼ 기름, 석유

❽ (지시문으로) 라르고, 느리게, 장중하게

❾ 인형

⓬ 배트, 방망이

　　baseball _____ 야구 배트

⓯ 죽은, 생명이 없는

　　_____ man 죽은 사람

　　_____line 사선, (신문사) 마감 시간, 마감 기한

⓰ 복종하다, 따르다, 준수하다

⓱ (화학기호) 수은

❶ 주위에, 둘레

　　all _____ 사방에, 도처에

❷ 황소

❸ 유쾌한, 즐거운

　　_____ Christmas! 즐거운 크리스마스 되세요!

❹ (미국) 자동차, 다른 단어와 어울려 스스로, 자동의 뜻을 갖음

❺ 혼자의 홀로. _____ at home 나 홀로 집에

⓾ 오, 어머나, 어머 ~. _____ my god! 맙소사!

⓫ 숙녀, 부인

　　First _____ 대통령 부인(영부인)

⓭ 원조, 지원

⓮ 가방, 봉지, 백

통통 튀는 영어지식 충전소

● 직업 · 직장에 관한 표현회화

What do you do?
직업이 무엇입니까?

I'm a public officer.
저는 공무원입니다.

What type of work do you do?
어떤 일을 하고 계십니까?

I'm an engineer.
저는 기술자입니다.

I'm not working now.
지금은 일을 하지 않습니다.

I'm a authur.
저는 작가입니다.

Where do you work?
어디서 근무하세요?

I work for a trading company.
무역회사에 다닙니다.

Where's your office?
회사는 어디에 있습니까?

● 직업에 관련된 단어

taxi driver 택시 운전수
teacher 교사
professor 교수님
entertainer 연예인
baker 제빵사
cook 요리사
doctor 의사
nurse 간호사
singer 가수
sportsman 운동선수
police officer 경찰관
farmer 농부
actor 남자배우
musician 음악가
movie director 영화 감독
novelist 소설가
model 모델
secretary 비서
interpreter 통역관
hairdresser 미용사
painter 화가

재있는 퍼즐로 영단어도 외우고 어휘도 업그레이드 시킨다

PUZZLE 022

Answer 218p

❶ 그림 물감, 페인트, 그리다, 채색하다

　　oil _____ 유화물감

가로 열쇠

❺ 이것. _____ is a pin 이것은 핀이다

❻ 뱀장어

❽ 누구든지, 아무나

　　Don't tell _____ 아무에게도 말하지마

❿ 벌거벗은, 벌거숭이의, 나체화

⓬ 고르다, 선택하다, (과일 등을) 따다

　　_____ up 전화를 받다

⓭ 6, 여섯

⓮ ~을 이용하여, ~의 옆에

⓯ 큰, 대형의

❶ 선물, 현재의 뜻을 가질 때는 [preznt]

　　선물하다, 증정하다의 뜻을 가질 때는 [prizent]

　　_____ oneself 출석하다

세로 열쇠

❷ 섬. Jeju _____ 제주도

❸ 생각하다, 사고하다

　　_____ up 생각해내다

　　_____ about 곰곰이 생각하다

❹ 나귀(=donkey), 바보

❼ 염료, 물감, 물들이다, 염색하다

　　She _____ her hair. 그녀는 머리를 염색했다.

❾ 케이크. a piece of _____ 식은 죽 먹기

⓫ 출구, 외출하다, 퇴장하다. fire _____ 비상구

통통 튀는 영어지식 충전소

● 외국인을 처음 만났을 때

외국인을 처음 만났다고 해서 당황하지 말자! 자연스럽게 How do you do? 라고 말하면 된다. 뭐든지 처음이 어려운 법. 한번 시작하다 보면 좀 더 쉽게 영어가 나올 것이다. 그럼 처음 만났을 때의 인사법에 대해 더 알아보면

How do you do?
How are you? I'm glad to meet you.
I'm very glad to meet you.
Nice to meet you.

이때 할 수 있는 대답으로는

Nice to meet you too.
The pleasure's all mine.
I've heard so much about you.

이렇게 인사를 주고 받은 후 이름을 물어보며 친해지도록 하자.

What's your name?
May I have your name?
Your name, please.

자기 자신에 대한 소개를 위해서는 미리 몇 가지 준비해 두는 것도 좋은
방법이다.

Let me introduce myself.
제 소개를 하도록 하겠습니다.

My name's Kim. I'm from Korea.
저는 한국에서 온 김이라고 합니다.

I'm a student.
저는 학생입니다.

I am 28 years old.
저는 28살입니다.

My major is Business Administration.
제 전공은 경영학입니다.

My favorite hobby is swimming.
제가 좋아하는 취미는 수영입니다.

I can speak English and Japanese.
저는 영어와 일본어를 할 줄 압니다.

재밌는 퍼즐로 영단어도 외우고 어휘도 업그레이드 시킨다

PUZZLE

023

Answer 219p

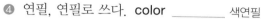

❷ 그러나, 하지만

　Excus me, _____ 미안하지만

❹ 연필, 연필로 쓰다. color _____ 색연필

❼ 개미

❽ 구역, 면적, 범위

❾ 타일, 타일을 붙이다

⓫ 소리치다, 울다, 함성

　Don't _____! 울지마!

⓬ 통과하다, 합격하다, 지나가다

⓮ 행사, 사건. special _____ 특별 행사

⓰ 대양, 해양

　the Pacific _____ 태평양

　the Atlantic _____ 대서양

❶ 곰, 낳다, 견디다

　Please _____ 참으세요

❸ ~까지, 될 때까지

❺ 의자, 걸상. _____ man 의장

❻ 마지막의, 최후의, 최근의

　at _____ 최후에, 드디어

❽ 위에, ~보다 높이. _____ all 무엇보다도

❿ 이미지, 영상

⓫ (음식을) 씹다, 물어 뜯다, 씹기

⓭ (도덕상, 종교상의) 죄, 잘못, 위반하다

⓯ ~으로, ~까지, ~에게

통통 튀는 영어지식 충전소

● 나라별 기본 회화

한국	안녕하세요	감사합니다
영어	헬로우	땡큐
일본	곤니치와	도모 아리가또
중국	니하오	시에시에
프랑스	살루 / 봉주르	메르씨
이탈리아	챠오	그라찌
독일	구튼탁	당케
스페인	올라	그라시아스
러시아	쁘라쓰찌쩨	블라가다류 바쓰
포르투칼어	오이	오브리가도, 오므리가
태국	사와디카(여)	콥 쿤카 (여)
	사와 디크랍(남)	콥 쿤 크럽 (남)
말레이시아	셀라맛 다탄	케리마 카시
베트남	신쟈오	감웅
터키	머하바 셸람	테섹키르 이데림
인도네시아	할로	마카시 야
아랍	마르하반	슈크란
몽골	새-응 배-노	탈라르훌라

죄송합니다	얼마에요?	안녕히 가세요
아임 쏘리	하우 머치 이즈 잇	굿바이
고멘나사이	이꾸라데스까	사요나라
뜨부시	두오샤오	짜이젠
즈수아 데졸레	꼼비엥	오흐부와
미 디스피아체	콴또	아리베데르치
엔트슐디군지비테	비에 비엘	아우프 비더젠 -
파르돈	꾸안또	아디오스
이즈비니쩨	스꼴리꺼 에떠 스또잇	즈드라 - 스뜨 부이쩨
데스쿨파	꾸안또	아데우스
코토드카	타오 라이 카 (여) 타오 라이 크럽 (남)	싸왓디 카 (여) 싸왓디 크랍 (남)
무나이 마 크로	베라파	슬라맛잘란
신 로이	바오 니에이오	땀 비엣
외주에 디레이림	네 카다르	귈레 귈레
마아프	베라파	슬라맛 잘란
아 - 씨프	비캄 하-다	마앗쌀라마
오-칠라-래	인 야마르 운태-웨	샌 소치배가래

재밌는 퍼즐로 영단어도 외우고 어휘도 업그레이드 시킨다

PUZZLE

024

Answer 219p

❶ 미국

❻ 단어 앞에 붙어 반대의 뜻을 나타낸다

     _____age 미성년

     _____sense 어리석은 생각, 무의미한 일

     _____metal 비금속

❼ 세 번째, 제 3의

❽ mouse 보다 큰 쥐

❿ ~을 따라, ~와 함께

     get _____ with A A와 사이좋게 지내다

⓬ 자기 소유의, 소유하다

⓮ 그물, 그물을 치다. _____work 방송망

⓯ 시작하다, 시작되다

     _____ning 시작, _____ner 초보자

❶ 오후

     _____ paper 석간신문

     Good _____ 오후 인사

❷ 아메리카 인디언, 인도인

❸ company 회사의 약자

❹ 어떻게든, 아무튼

❺ 일, 직업

❾ 주석, 통, 깡통

⓫ 낟알, 곡물

⓭ (대명사) 3인칭 단수로 그녀

통통 튀는 영어지식 충전소

● 해외여행시 기내에서 자리 찾기

설레는 해외여행~ 부푼 가슴을 안고 비행기에 올랐지만 자리를 찾기 쉽
지 않을 때 당황하지 말자. 스튜어디스가 먼저 도움을 줄 것이다.

May I see your boarding card, please?
탑승권 좀 보여주시겠습니까?

Here you go.
여기 있습니다.

Where is seat 12(twelve) B?
(탑승권을 보이며) 12B 좌석은 어디입니까?

It's over there by the window.
저기 창가 쪽 좌석입니다.

Could you show me how to fasten seat belt?
안전벨트를 어떻게 매는지 알려주시겠어요?

Pull it this way.
이쪽으로 당기세요.

Could I change seats?
(옆 사람에게) 자리를 바꿔 주시겠습니까?

I think this is my seat.
여기는 제 자리인데요.

● 기내에서 식사와 필요한 물건 부탁할 때

What time do you serve the meal?
식사는 언제 나옵니까?

Beef, please.
쇠고기로 주세요.

What would you like to drink?
음료는 뭘로 드시겠습니까?

Can I have a beer?
맥주를 주시겠습니까?

I don't feel like eating dinner.
식사는 필요 없습니다.

May I have a pillow and a blanket, please.
베개와 모포를 주세요.

Do you have any Korean newspapers?
한국어 신문은 있습니까?

Do you sell tax-free goods on the flight?
기내에서 면세품을 판매합니까?

재밌는 퍼즐로 영단어도 외우고 어휘도 업그레이드 시킨다

025

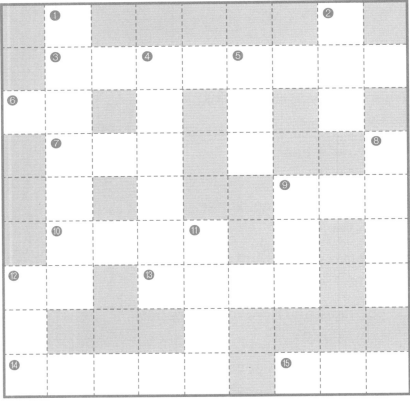

Answer 220p

③ 11월

⑥ 그렇게, 그러므로, 매우

and _____ on 기타 등등, _____ that ~하기 위해서

⑦ 너무 ~한, 매우, 역시

⑨ 펜

⑩ 서사시, 서사시의

⑫ (약어) 남자의 성, 성명 앞에 붙여 ~씨(님, 선생)

⑬ 명사

⑭ 토스트, 구운, 굽다

⑮ 놓다, 두다, 맡기다

_____ down 내려놓다, _____ off 연기하다

_____ out 내쫓다

❶ 또 하나의, 다른

_____ thing 별 개 문제,

_____ time 다음 기회에

one after _____ 하나씩, 차례로

❷ 얻다, 잡다, 받다

_____ away 가 버리다, _____ on 타다, 진행하다

❹ 바이올린

❺ 5월

❽ 인치. _____ by _____ 조금씩

❾ 핀, 핀을 꽂다. hair _____ 머리핀

⓫ 코트. This _____ is old. 이 코트는 낡았다.

⓬ 매트

bath _____ 욕실용 매트

105

통통 튀는 영어지식 충전소

● 신(新) 세계 7대 불가사의 건축물

'신(新) 7대 기적(New 7 Wonders)' 재단이 포르투칼 리스본의 경기장에서 '신(新) 세계 7대 기적'을 발표했으나 선정 방식이나 투표 방식의 문제로 신빙성이 고대 7대 불가사의보다는 떨어진다고 봐야 한다.

중국의 만리장성

진시황때부터 만들어진 건축물로 외국의 침입을 막기 위해 만들어진 방어용 성벽이다. 실제 길이가 6,352km로 현재는 그 중 20%만 남아있다고 하는데 달에서도 보일 정도라고 한다.

페루의 잉카 유적지 마추픽추

마추픽추는 페루 안데스 산맥 중 우르밤바 계곡 해발 2,280m 정상에 자리 잡고 있는 요새도시이다. 수풀과 안개로 인해서 발견되지 않다가 400년 이후에나 발견된 도시로 잉카인들이 어떤 이유에서 이 도시를 버리고 떠났는지는 아직도 미스터리로 남아 있다고 한다. 신기한건 시신도 여자와 노인시신만 발견되었다. 하늘에서만 확인할 수가 있어 공중도시라는 별명도 있다.

브라질의 거대 예수상

브라질 거대 예수상은 브라질이 포루투갈로 부터 독립한 100주년을 기념하여 세워진 비석으로 다른 불가사의 건축물에 비해 역사가 짧다. 그리스도가 두 팔을 넓게 벌리고 있는 모습으로 그 높이는 38m 무게는 1,145톤으로 크기가 크기인 만큼 신체부분을 각각 따로 조각해서 결합하는 방식으로 제작되었다.

멕시코의 치첸이트사

마야문명의 대 유적지로 선진문명인 만큼 도시 자체도 멋지지만 그 안에 조각품들도 또한 굉장히 예술적 가치가 높다. 치첸이트사에서 가장 유명한 것은 카스티요라는 피라미드인데 태양력에 따라 네 면의 계단 숫자를 364개, 제단까지 365개로 하였고 네 면의 판벽은 마야 역법에 따라 세상의 1주기를 나타낸다고 한다. 가장 인상적인 것은 오후 3시~5시 사이에는 북쪽 계단에서 그림자가 뱀이 꿈틀거리는 듯한 형상이 그림자 아래 뱀머리 석상과 연결된다고 하는데 실제로 의도하고 건설했는지는 모르겠지만 신비롭다.

로마의 콜로세움

로마하면 떠올려질 정도로 유명한 콜로세움은 원형 모양의 유명한 검투장으로 실제로 보면 굉장히 어마어마한 크기를 자랑한다고 한다.

인도의 타지마할

타지마할은 무굴제국의 황제 샤 자한이 왕비 뭄 타즈마할을 추모하여 만든 거대 무덤이다. 왕비는 1년에 한 번씩 아이를 낳았다고 하는데 13번 째 아이를 낳다가 사망했다고 한다. 이에 왕은 왕비가 좋아한 하얀색 대리석만으로 20여 년에 걸쳐서 만들었다.

요르단의 페트라

페트라는 이집트, 아라비아, 페니키아 등의 교차지점에 위치하여 선사시대부터 사막의 대상로를 지배하여 번영을 누렸던 캐러밴 도시이다. 좁고 깊은 골짜기를 따라 한참을 가면 극장과 온수 목욕탕, 그리고 상수도 시설이 갖추어진 현대 도시 못지 않은 도시가 유령처럼 버티고 있다. 협소한 통로와 협곡으로 둘러싸인 바위산을 깎아 조성된 페트라의 건물들은 대부분 암벽을 파서 만들어졌다.

재밌는 퍼즐로 영단어도 외우고 어휘도 업그레이드 시킨다

026

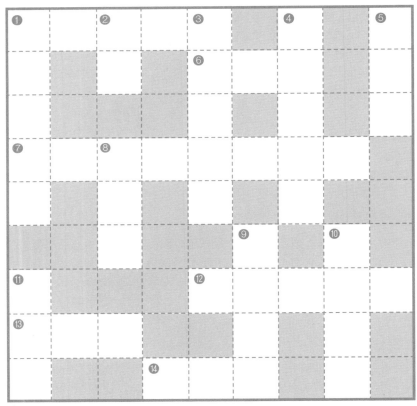

Answer 220p

❶ (테니스, 배구 등) 경기장, 법정

 가로 열쇠

❻ ha와 같은 뜻으로, 아하, 야!

❼ 우산

⑫ 일기, 일기장. keep a _____ 일기를 쓰다

⑬ ₩, 원

⑭ 죽다, 시들다

_____ of A A의 원인으로 죽다(병이나 굶주림 등으로 죽을 때)

_____ from ~로 죽다(부주의나 외상으로 죽을 때)

His mother _____ from the shock.

그의 어머니는 그 충격으로 돌아가셨다

He _____ of cancer. 그는 암으로 죽었다

_____ away 차츰 사라지다

❶ 구름, 흐린, 그늘, 달이 흐리다

 세로 열쇠

❷ 위쪽, 위쪽으로

_____ against (장애)에 부딪쳐,

_____ to ~까지

❸ 3, 셋

❹ 아이, 복수는 _____ren

❺ 테 없는 모자

❽ 사다

❾ 크기, 치수, 규모

❿ 아라비아, 아랍인

⑪ 올빼미

통통 튀는 영어지식 충전소

● 외국에서 쇼핑하기

외국에는 우리나라에서는 볼 수 없는 신기한 것들이 가득하다. 사고 싶어도 용기가 없다면 다 그림의 떡이다. 상점 안으로 당당히 들어가 부딪쳐 보도록 하자.

우선 상점으로 들어가면 가게 주인이 이렇게 물을 것이다.
Hello~ Can I help you? 안녕하세요? 도와드릴까요?

이때 당황하지 말고 가볍게 웃으며 여유롭게 매장을 둘러본다.
Hello! I'm just looking around. 한번 둘러볼게요.

찬찬히 둘러보며 혹시 마음에 드는 것이 있다면 주저없이 물어보자.
May I try it on? 입어 볼 수 있을까요?

입어 본 후 너무 꽉 끼거나 클 때 이렇게 표현한다.
It's too tight. / It's too big(small)

이외 물어 볼 수 있는 상황으로는 아래와 같은 표현이 있다.
Do you have a bigger size? 더 큰 사이즈는 없나요?
Do you have this in a different color?
다른색이 있을까요?

혹시 마음에 드는 것을 발견했다면 구매의사를 밝힌다.

I would like to purchase this. 이것으로 하겠습니다.

Could you get me a new one? 새 것이 있습니까?

구매한 물건의 포장을 원한다면

Can I get a paper bag?

자~ 이제 당신의 원하는 물건을 구입한 뿌듯함을 느껴보자!

● **쇼핑에 필요한 단어**

counter 계산대
customer service 고객 서비스
sale 할인
special offers 특별할인
new arrival 신상품
half price 반값
two for one 하나 값에 두 개
buy one get one free 하나 사면 하나 무료
30% off with coupon 30% 쿠폰 할인
expiration date / best before 유통기한
credit card 신용카드
debit card 체크카드

재밌는 퍼즐로 영단어도 외우고 어휘도 업그레이드 시킨다

PUZZLE

027

Answer 221p

가 로 열 쇠

❶ 따로따로, 떨어져서

_____ment 아파트(미국에서는 월세를 지불하는 집을 말한다)

❹ 정상, 꼭대기, 수석, 최고의

the _____ of A   A의 꼭대기

on _____ of A   A에 더하여

❻ 노랑, 노랑색의

❼ 습관, 버릇

have a _____ 버릇이 있다

❽ 주사위

❾ 자연, 천성. by _____ 본래, 원래

natural 자연적인, 천연의

⓭ 요들(송)

세 로 열 쇠

❶ 무엇이든, 모든 것, 아무것도

❷ 즉흥적인, 즉흥적으로 말하다, 애드립

❸ 전신환, telegraphic money order의 약자

❺ 올림픽

⓾ 해보다, 시도하다, 노력

_____ to 애쓰다

⓫ 모면하다, 제거하다, 처치하다

_____ A of   A를 없애다,

_____dance 면함, 제거

⓬ 그렇게

_____ good 아직까지는 좋다

113

통통 튀는 영어지식 충전소 ←----

● 영작문에 잘 나오는 영숙어

요즘은 영작문이 상당히 중요하다. 영작문에 나오는 숙어들을 익혀두면
좀 더 쉽게 작문을 할 수 있다. 그런 영숙어들을 알아보록 하자.

▶ **the last ~ but one[two]** 끝에서 두(세)번째의
Let's begin with the last line but one.
끝에서 두 번째 줄부터 시작한다.

▶ **a case in point** 적절한 예
Let me give you a case in point. 적절한 예를 들어 보시오.

▶ **a man of ambition** 야심가
He is a man of ambition. 그는 야심가이다.
a man of means 재산가
a man of his words 약속을 지키는 사람
a man of action 행동가
a man of character 인격자
a man of letters 문학가

▶ **a sense of humor** 유머 감각
He has a sense of humor, and he always makes us
happy.
그는 유머가 있어서, 항상 우리들을 기쁘게 해준다.

▶ **rather than A** A하기보다 오히려 ~ 하다

I stayed at home rather than go out in the rain.

나는 비오는데 나가기보다 집에 있었다.

▶ **be due to ~** 빚이 있다 / ~의 결과이다

A thousand won is due to you. 너에게 천원의 빚이 있다.

His success was due to diligence. 그의 성공은 근면한 결과이다.

▶ **had better** ~하는 편이 좋다

You had better not mention them at all.

너는 그들에게 전혀 말하지 않는 편이 낫다.

▶ **much the same** 거의 같은

His condition is much the same as yesterday.

그의 컨디션은 어제와 거의 같다.

▶ **one of these days** 가까운 장래에

Why don't you come to see me one of these days?

한 번 놀러 오지 않겠니?

▶ **not (A) both B** 둘 다 A 한 것은 아니다

I don't want both (the) dictionaries.

나는 이 사전 둘 다 필요한 것은 아니다.

재밌는 퍼즐로 영단어도 외우고 어휘도 업그레이드 시킨다

028

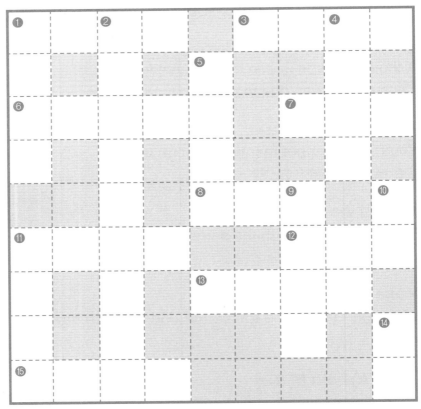

Answer 221p

❶ 아기

❸ 시간, 시각

　Have a good _____! ~즐거운 시간 되세요!

❻ 적어도, 최소한. at _____ 적어도

❼ eat의 과거

❽ 강탈하다, 훔치다. _____ber 도둑, 강도

⓫ 얇은, 가느다란

⓬ 여관, 여인숙

⓭ 불

⓯ 종, 종소리, 방울을 달다

　There is the _____ . 손님이 오셨어요

❶ 공

❷ 아름다운

❹ 수학(mathematics)

❺ 별

❾ 새

❿ 명사, 동사 및 형용사에 붙어 부정의 뜻을 나타낸다.

　_____able 할 수 없는

　_____broken 완전한, 파손되지 않은

　_____cut 자르지 않은

　_____coil 풀다

⓫ 무덤, 묘, 산소

⓮ 오전, before noon, 라틴어 ante meridiem의 약자

통통 튀는 영어지식 충전소

● 이럴 땐 이런 영어를 사용한다 ❶

hang in there 참고 견디세요.

미국 사람들은 '참고 견디세요' 라고 할 때 please hang in there 라는 말을 많이 사용한다. 아무리 힘들어도 구조될 때까지 기다리라는 말에서 유래되었다고 한다.

You're making me crazy 너 때문에 돌아버리겠어

중요한 계약에 실수를 한 부하직원에게 상사가 하는 말 you're making me crazy 라고 말한다. 비슷한 표현으로 It's driving me crazy가 있다.

Don't play innocent! 내숭 떨지 마!

play innocent는 '결백한 사람, 천진난만한 아이' 를 의미하므로 Don't play innocent를 직역하면 '결백한 사람이 아니다. 천진난만 하지 않다' 라는 뜻이 된다. 얌전한 척하는 사람을 보고 하는 소리다.

What luck! 정말 재수 없어!

'정말 재수가 없어!' 라고 말할 때도 이 말을 사용하지만 반대로 '재수가 좋다, 정말 다행이다' 라고 말할 때도 이 말을 사용한다. 따라서 앞 뒤 정황에 따라 이 말을 사용해야 한다. 정확한 의사 전달을 위해서는 What good(bad)luck! 라고 말하는 것이 좋다.

Don't be a hog! 욕심 부리지마!

상대가 일이나 물건에 욕심을 부릴 때 사용하는 말이다. 비슷한 표현으로 Don't be greedy! 가 있다. 특히 식탐을 부리는 사람에게는 Don't make a pig of yourself 라고 하며, 분수를 알라는 의미의 Don't go pushing your luck 도 많이 사용한다.

I am on cloud nine. 나 기분 최고야

기상학자에 의하면 구름에는 9가지 구름이 있고 그중에서도 9번째로 분류되는 구름이 가장 아름답고 높은 곳에 위치해 있다고 한다. 여기서 유래가 되어 지금도 '기분 최고다, 기분이 째진다'고 표현할 때 사용한다.

Get to the point! 요점만 말해!

회의다 하면 결말도 나지 않는 주제를 가지고 똑같은 얘기를 몇 번씩 늘어놓는 일이 허다하다. 이때 상사가 하는 말, Get to the point! 라고 소리친다. 유사한 표현으로는 What's the point?, Let's get to the point 등이 있다.

I am blue. 나 우울해

우리는 파랑색이 밝고, 희망의 색깔로 인식되지만 영어권에는 우리와 반대의 의미를 갖고 있다. blue라는 표현을 사람에게 사용하면 항상 우울하다는 표현으로 받아들이면 된다.

재밌는 퍼즐로 영단어도 외우고 어휘도 업그레이드 시킨다

PUZZLE

029

Answer 222p

❶ 남자 형제, 형, 동생

가로 열쇠

elder _____ 형, 오빠, younger _____ 남동생

I have two _____s 나는 남자형제가 둘 있다

❺ 천장, 한계

the _____ price 최고 가격

❼ 총, 소총, 총을 쏘다

❽ 세금, 과세하다

❾ 놀다, 경기하다, 연주하다, 놀이, 경기

I _____ the piano. 나는 피아노를 친다.

⓫ 옆, 측면, 측면의. _____ by _____ 나란히

⓭ 같은, 동일한. _____ness 같음, 동일함

_____ A as B B와 똑같은 A

She is wearing the _____ dress as mine.
그녀는 나와 똑같은 드레스를 입고 있다.

⓮ 농담, 웃음거리, 익살, 농담하다

_____r 농담하는 사람

❷ 쌀, 쌀밥

세 로 열 쇠

❸ 삼십, 30의

❹ 반지, 고리, 종이 울리다

I'll _____ tomorrow. 내일 전화할게

❻ 지키다, 보호하다

body_____ 경호원

❾ 지나간, 예전의

❿ 육군, 군대

⓬ 잉크

121

통통 튀는 영어지식 충전소 ←╴╴╴╴

● 이럴 땐 이런 영어를 사용한다 ②

This is the house. 무료입니다, 무료로 드립니다.

음식점이나 술집에서 무료로 제공하는 음식에 대해 '서비스로 제공을 하는 것입니다.' 라고 할 때 쓰는 표현이다.

I am between jobs. 나는 백수야.

취업을 한 상태가 아니고 직업을 고르고 있는 상황이라고 하여 직업 사이에 있다는 뜻이지만, 결국 현재 직업이 없는 상태이기 때문에 백수라는 의미로 사용을 한다.

Guess what? 그거 알아?

말을 할 때 상대방의 주의를 끌기 위해 사용하는 말로 '그거 있잖아, 그거 알아.' 하는 정도의 표현이다. 비슷한 표현으로 You know what? 도 있다.

Watch your mouth 입 조심해.

다른 사람을 험담하거나 비밀스러운 내용을 함부로 말하려고 하는 사람에게 주의를 줄 때 쓰는 표현이다. 공손하지 못하거나 저속한 말을 쓰는 사람에 대해서는 Watch your language '함부로 말하지 마' 하고 얘기할 수도 있다.

There you go! 잘됐다. 그럴줄 알았어. 그러게 말이야.

직역을 하면 '거기에 네가 간다' 라는 뜻이다. 상대가 어떤 일을 잘하고 있을 때 해주는 말로서, '그럼 그렇지' 정도의 의미로 쓸 수도 있고, 상대가 실망스럽게 했을 때 '그럴 줄 알았어'의 뜻으로도 쓸 수 있다.

Stay out of my business! 내 일에 상관하지 마!

남의 일에 이러니저러니 하고 간섭을 할 때 '제발 간섭 좀 하지 마.' 하는 말을 자주 한다. 영어로 하면 Stay out of my business! '내 일에 상관하지 마!'가 되고, 비슷한 표현으로 None of your business! '내 일에 상관 마!' 또는 Mind your own business! '당신 일이나 신경 써!' 등이 있다.

ding-dong 말다툼하다.

집안에서 말다툼이 일어나면 매우 시끄럽다. 이런 싸움이 일어나면 앞집이나 옆집에서 조용히 하라고 초인종을 눌러 조용히 해 달라고 불평을 한다. 이 초인종 소리인 딩동에서 유래되어 ding-dong이 '말다툼'이라는 뜻으로 사용하게 되었다.

You're a chicken. 넌 겁쟁이야.

서양에서는 겁쟁이를 항상 닭에 비유한다. 닭들은 겁이 많아서 큰 소리를 치거나 큰 물체가 보이면 무서워서 도망을 친다. 거기에 비유를 해서 겁쟁이 같은 사람들을 보면 You're a chicken '당신은 겁쟁이야' 라고 말을 한다.

N

재밌는 퍼즐로 영단어도 외우고 어휘도 업그레이드 시킨다

PUZZLE

030

Answer 222p

124

가로 열쇠

❸ (동물)포효하다, (사람) 소리지르다, 고함 소리

❺ 닮지 않은, 같지 않은

I'm not _____ my mother.

나는 우리 엄마를 닮지 않았다.

❻ 데이터, 자료. _____ datum의 복수형

❽ 안전한

❿ 쌍둥이의. _____ sister 쌍둥이 자매

⑫ 우편물, 우편, 우송하다, 부치다

E _____ 전자 우편

⑬ 길쭉한 막대기, 지팡이, 회초리

세로 열쇠

❶ 젊은, 어린

_____er brother 남동생

_____er sister 여동생

❷ 판매. _____sgirl 여판매원

❸ 갈대, 갈대숲

❹ 숙모, 이모, 고모, 아주머니(나이가 많은)

❼ 대답, 응답, 대답하다

❽ 머무르다, 지체하다

❾ 떨어지다, 넘어지다, 가을

⓫ 끄덕이다, 인사하다

125

통통 튀는 영어지식 충전소 ←

● 각 나라별 음식문화

Germany 독일

독일하면 자동적으로 떠오르는 음식은 당연히 소세지와 맥주일 것이다. 독일은 수질이 좋지 않아 깨끗한 식수를 대신한 것으로 맥주를 먹었으며, 이런 이유로 수많은 맥주가 발달했다고 한다. 소세지는 3천년 이상 전부터 먹기 시작한 아주 오래된 음식으로 소세지 소비가 가장 많은 나라가 독일이다. 종류만도 1,000여 가지가 넘는다고 하니 놀라울 따름이다.

Japan 일본

일본은 우리와 마찬가지로 쌀이 주식이며 밥, 반찬, 국이 하나의 세트인 것도 우리와 같다. 섬나라답게 대표적인 음식으로는 초밥과 회이다. 회는 생식요리로 소화가 쉽고 영양손실이 적다. 콩을 발효시킨 낫토는 날계란과 함께 밥에 비벼 아침식사로 많이 먹는다. 일본인들은 밥그릇을 손에 들고 젓가락으로 밥을 퍼먹으며 밥을 같이 먹을때 한 사람이 내기 보다는 각자 내는 것이 문화이다.

Spain 스페인

스페인의 음식을 얘기할 때 '올리브' 를 빼놓고는 말이 되지 않는다. 올리브는 열매를 샐러드로 아니면 날것이나 절임으로 먹는데 대부분은 기름을 짜서 음식에 첨가하여 먹는다. '빠에야' 는 쌀과 샤프란 각종 재료를 넣고 지은 밥으로 스페인의 대표 요리이다.

The United Kingdom 영국

영국의 요리를 한마디로 표현하자면 '심플' 이다. 조미
료를 거의 사용하지 않고 소금이나 후추, 식초 향신료
등을 쳐서 먹는다. fish and chips는 튀긴 생선과 튀
긴 감자로 저렴하고 풍성한 음식이고 roast beef는
안심 덩어리를 오븐에 구운 것으로 전통적이면서 영국
을 대표하는 음식이다.

France 프랑스

프랑스의 요리는 세계 제일로 꼽힐 만큼 종류도 다양하고 맛 또한 훌륭하다. 서민
들이 즐기는 음식으로 '꼬꼬뱅' (닭고기와 야채에 붉은 포도주를 넣고 졸인 것)과
'쿠스쿠스' (노란색의 곡식을 증기로 쪄서 먹음) '크레이프' (얇게 구운 빵에 내용
물을 넣어 먹음) 등을 추천한다.

Turkey 터키

터키의 대표 요리는 케밥이다. 케밥은 '구이' 라는 뜻으
로 쇠고기, 닭고기, 양고기 등으로 만든다. 이슬람 국가
인 터기에서는 돼지고기로 만든 것은 찾아볼 수 없다.
소시지나 햄도 쇠고기나 양고기로 만들어진다.

재밌는 퍼즐로 영단어도 외우고 어휘도 업그레이드 시킨다

031

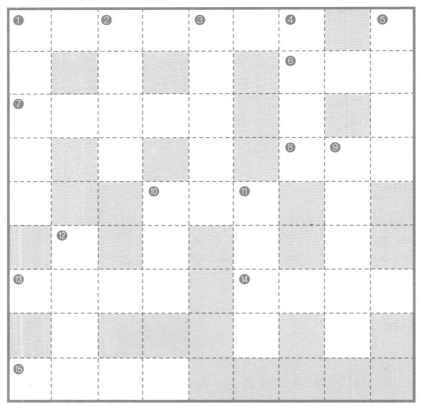

Answer 223p

❶ 그림, 사진

    take a _____ 사진 찍다

가로 열쇠

❻ 우수선수, 우수한, (카드의) 에이스

❼ 입장을 허가하다, 들이다, 승인하다

    명사는 admission 입학, 입장

❽ (호두, 밤 등의 열매) 견과, (기계) 너트

    _____ **cracker** 호두 까는 기구

❿ 방망이, 막대기, 빗장, 술집

    ice _____ 아이스 바

⓭ 키우다, 자라다, 성장하다

    _____ **one's hair** 머리를 기르다

⓮ (건물, 도시 등이 있던, 들어설) 위치

    camp _____ 캠핑장, 캠프(텐트) 자리

⓯ 유형, 양식, 종류

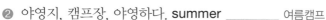

❶ 장소, 위치

    take _____ 일어나다, 행해지다

세로 열쇠

❷ 야영지, 캠프장, 야영하다. **summer** _____ 여름캠프

❸ (접두사) 지나친, 과도한

❹ 얻다, 획득하다, 벌다. _____**est** 성실한, 열심인

❺ (연거푸)치다, 때리다, (시합에서) 이기다

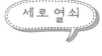

❾ 일치, 통일, 개체, 조화

❿ 허리를 구부리다, 절하다, 절, 인사

    take a _____ 인사하다, 절하다

    ※ nod는 고개만 끄딱하는 인사를 말한다

⓫ 휴식, 쉬다. **take a** _____ 쉬다

⓬ 회색, 회색의, 창백한

통통 튀는 영어지식 충전소

● 사과의 표현

외국인들은 '미안합니다' 와 '감사합니다' 라는 말을 매우 중요시 한다. 길을 가다가 마주 오던 사람과 부딪쳤을 때, 사과의 말로 무엇이 적당할까? 우리는 먼저 I'm sorry를 떠올리지만 정답은 Excuse me 다. 상대가 사과할 때는 그냥 아무 말도 하지 않고 지나가는 것 보다는 괜찮다는 의미로는 아래와 같은 표현들이 있다.

That's OK.
No problem.
Don't worry (about it.)

사과의 표현으로는 아래와 같은 표현들이 있다.

I'm sorry for everything.
I apologize to you.
I'm sorry about that.

My mother is very sick.
어머니께서 매우 편찮으시다는 이야기를 듣고도 아래와 같이 표현한다.
I'm sorry to hear it. 그 말을 들으니 참 안됐어요.

이렇게 I'm sorry 는 깊은 사과의 뜻 말고도 어떤 나쁜 소식에 대한 안된 마음을 전할 때도 쓰인다.

● 감사의 표현

Congratulations on your wedding!
결혼을 축하합니다.

Let me congratulate you on passing the exam.
시험 합격을 축하합니다.

I hope everything will come out all right.
모든 일이 잘 되기를 바랍니다.

이와 같은 감사의 말을 들었을 때 답변하는 표현으로는

Thank you (very much). 정중한 표현
Thank a lot. 친구나 격의 없는 친지에게 사용하는 표현

'괜찮다'는 의미의 You're welcome 으로 대꾸해야 한다.
You're welcome 과 같은 의미의 표현은

No problem.
Don't mention it.
that's all right.
Not at all.

재밌는 퍼즐로 영단어도 외우고 어휘도 업그레이드 시킨다

PUZZLE

Answer 223p

❶ 부재의, 결석의, 결근의, 출타중
　명사는 absence 부재, 결석, 불참
　_____ oneself from A A를 비우다
❺ 때리다, 히트, 히트송
❻ 모으다, 수확하다
　_____ing 모임, 회합, 집회
❼ 바늘, 뜨개바늘
⓫ 60, 60의
⓬ 피부, 살갗, 거죽
⓭ 죽어가는, 빈사 상태

❶ 화난, 성난
❷ 사탄, 악마, 악마왕
❸ 질녀, 조카딸
❹ 팁, 사례금
❽ 운이 좋은, 행운의, 다행히
❾ 도시, 도회지
　_____ hall 시청
❿ 노래, 소리

통통 튀는 영어지식 충전소

● 날씨에 관한 표현

날씨를 묻는 표현으로는 다음과 같다.

How's the weather today?
What's the weather like today?
How does the weather look?
What's tomorrow's forecast?

날씨를 묻는 대답으로는

It's warm today. 오늘은 따뜻하네요.

It's likely to rain 비가 올 것 같습니다.

It's really clear and sunny today. 오늘 맑고 화창한 날씨네요.

It's getting cold. 날씨가 추워지고 있어요.

We'll have snow tomorrow. 내일 눈이 올 것입니다.

I hope it stays like today. 오늘같은 날씨가 계속 되면 좋겠어요.

What a beautiful day! 정말 멋진 날씨군요.

● 날씨에 관한 단어

thunder 천둥 **snowy** 눈이 오는 **rainy** 비가 오는 **blizzard** 눈보라
sleet 진눈깨비 **snowslide** 눈사태 **windy** 바람이 부는 **warm** 따뜻한
hot 더운 **cold** 추운 **typhoon** 태풍 **cloudy** 구름이 많은
shower 소나기 **lightning** 벼락 **sunny** 화창한

● 계절에 관한 표현

계절을 묻는 표현으로는 다음과 같다.

What is your favorite season?
Which season do you like the best? 어느 계절을 좋아하세요?
It's summer now, isn't it? 이제 여름이네요. 그렇죠?
What's season is it now? 지금은 무슨 계절이에요?

이에 대한 대답으로는

My favorite season is summer. 나는 여름을 가장 좋아해요.
It's spring now. 지금은 봄이에요.
We have four distinct seasons. 우리는 뚜렷한 사계절이 있다.
In spring it is warm and windy. 봄에는 따뜻하고 바람이 분다.
In summer it is hot and humid. 여름에는 덥고 습하다.
In fall it is cool and refreshing. 가을은 시원하고 상쾌하다.
In winter it is freezing and snowy. 겨울은 춥고 눈이 온다.

● 계절에 관한 단어

season 계절 **spring** 봄 **summer** 여름 **fall** 가을
winter 겨울

재밌는 퍼즐로 영단어도 외우고 어휘도 업그레이드 시킨다

PUZZLE 033

Answer 224p

④ 달러

U.S. _____ 미국달러,

Hongkong _____ 홍콩달러

⑥ 들, 벌판, 경기장

⑦ 그녀, 그 여자는

⑧ 젖은, 축축한, 비 내리는

⑩ 바람

⑫ 파다, 파내다

⑬ 시소놀이, 시소, 상하 운동

⑭ 내기하다, 단언하다

make a _____ 내기하다

❶ 충고하다, 조언하다, 상담하다

❷ 미친

a _____ man 미치광이

❸ 메모, 기록, 메모하다

❺ 축 늘어져 기대다, 편하게 눕다

❼ 모래, 모래사장

❽ 서쪽, 서쪽의

❾ 그때, 그 다음에, 그러면

❿ 무엇, 무슨

_____ time is it? 몇 시야?

⓫ 뛰어들다, 다이빙하다

137

통통 튀는 영어지식 충전소

● 태양계의 별이름

태양계의 별들 이름은 대부분 신화의 신들과 연관되어 지어졌다. 로마
식 신과 그리스식 신은 같은 인물이라도 부르는게 틀리다.

SUN 태양
로마신화의 태양신인 Sol에서 유래되었다고 한다.

MERCURY 수성
전령의 신, 의료의 신, 상업의 신인 MERCURY에서 유래되었다. 그리스어로는
HERMES라고 불린다.

VENUS 금성
태양계 9개의 행성 중 유일하게 여신의 이름으로 지어졌으며 '샛별'로 불리는 밝
게 빛나는 별로 미의 여신 베누스에서 따 왔다.

EARTH 지구
그리스 신화 중 가장 먼저 등장한 가이야에서 유래되었다고 한다.

MOON 달

달의 여신인 LUNAR에 왔다.

MARS 화성

전쟁의 신인 마르스에서 따왔다. 화성이 붉게 보이기 때문에 전생의 신을 연상했던것 같다.

JUPITOR 목성

가장 큰 별이라서 그런지 올림포스 최고의 신인 제우스에서 따왔다.

SATURN 토성

시간의 신은 Saturn은 그리스 신화에 등장하는 크로노스의 로마식 이름으로 우라노스(천왕성)과 가이아(지구) 사이에서 태어난 12명의 티탄족 중 막내였다.

Uranos 천왕성

가이와(지구)로부터 태어나 가이아와 결혼한 하늘의 신 우라노스에서 유래되었다.

Neptune 해왕성

바다의 신인 포세이돈에서 따 왔으며 코로노스의 둘째아들로 로마식 이름은 넵투루스이다.

Pluto 명왕성

지하의 신인 하데스의 로마식 이름에서 따왔다.

재밌는 퍼즐로 영단어도 외우고 어휘도 업그레이드 시킨다

034

PUZZLE

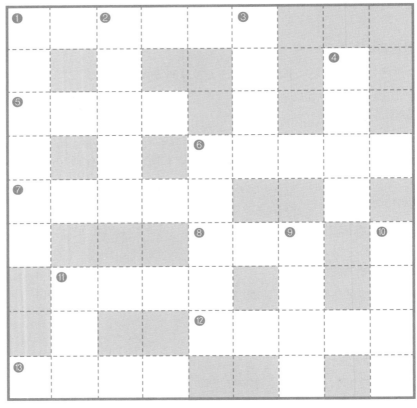

Answer 224p

① ~을 가로질러, 횡단하여

⑤ (같은 종류 중) 가장 큰, 가장 중요한

　　a ＿＿＿＿＿ event 주요한 시합(경기)

⑥ 운동, 경기

　　What ＿＿＿＿＿ do you like? 무슨 운동을 좋아하세요?

⑦ 철자를 쓰다, 철자를 말하다

⑧ 담쟁이덩굴

⑪ 짐, 고생, 걱정, 싣다, 적재하다

⑫ 잘못, 착오, 실수

⑬ 백조

① 거의 대부분

② 올리다, 키우다

　　＿＿＿＿＿ your hand 손을 들다

③ 배, 함선

　　＿＿＿＿＿yard 조선소

④ 옥수수, 티눈

⑥ 미끄러지다

⑨ 야드. * 1야드는 3피트(91.44cm)

⑩ 돌봄, 보살핌, 걱정

　　＿＿＿＿＿ for 돌보다, 좋아하다

⑪ 법률, 법

통통 튀는 영어지식 충전소

● 길에서 반가운 사람을 만났을 때

인생은 만남에서 시작해 이별로 끝난다 해도 과언이 아니다. 그만큼 이 때의 인사말이 중요하다. 반가운 얼굴을 대하는 인사말들을 알아보도록 하자.

일상적인 인사표현은 다음과 같다.

Hi! / Hello! 안녕 / 안녕하세요

Good morning. / Good afternoon. / Good evening.
아침, 점심, 저녁 인사

How are you doing? / How's it going?
잘 지냈어요?

How do you feel today?
오늘 기분이 어떠세요?

오랜만에 만난 사이에는 다음과 같은 표현을 쓴다.

Long time no see 오래간만이야

I haven't seen you in years! 정말 오래만이에요.

What have you been doing lately? 요즘 어떻게 지내세요?

What a surprise to meet you here! 여기서 널 만나다니!

대답으로는 같이 Hi~ 라고 하거나 다음과 같이 대답한다.

I'm fine thank you. And you? 덕분에 잘 지냅니다. 당신은요?
Couldn't be better. 너무 잘 지내.
Fine. 좋아요.
I'm doing all right. 아주 좋아요.
So- so. 그저 그래요.
Same as usual. 항상 똑같지 모.
Not so good! 별로 좋지 않아요.

이제 헤어질때의 표현들도 알아보자.

See you later. 다음에 만나.
See you. Take care. 안녕, 몸 조심해.
Have a good day! 좋은 하루 되세요.
Let's keep in touch. 연락 자주 하자.
Take care 조심해~
Don't forget me. 나를 잊지마.

I'll never forget you. 널 영원히 잊지 못할 거야.
I'll miss you. 그리울 거야.
Best wishes! 행운이 있기를

재밌는 퍼즐로 영단어도 외우고 어휘도 업그레이드 시킨다

PUZZLE

035

Answer 225p

가로 열쇠

❶ 절약하다, 저축하다, 구하다
❺ 아이스크림
❻ 앞치마, 행주치마
❼ 해안, 해변
　　_____line 해안선

❿ 만들다, 마련하다
⓫ 몸, 신체, 육체

세 로 열 쇠

❶ 과학
❷ 보기, 시야, 전망, 견해
　　on _____ 진열하여, 공개하여
❸ 양(복수와 단수가 똑같다)
　　a _____ farmer 목양업자

❹ 상징, 표상, 부호
❻ 원자, 미소량
　　_____ic 원자의
❽ 신맛, 신, 산성의
❾ 좋다, 오케이

145

통통 튀는 영어지식 충전소 ←-----

● 영국의 대문호 윌리엄 셰익스피어(William Shakespeare)

'셰익스피어를 인도와도 바꾸지 않겠다'라고 할 정도로 영국인들의 사랑을 받는 셰익스피어는 영국이 낳은 세계 최고 극작가이다.

4대 비극

햄릿

'사느냐, 죽느냐 그것이 문제로다'라는 명대사를 탄생시킨 희극으로 왕인 아버지를 살해하고 자신의 어머니까지 차지한 삼촌에 대한 복수에 대한 의무감, 우유부단함에서 비롯된 무력감, 어머니에 대한 사랑으로 갈등하는 햄릿의 심리를 잘 묘사하였다.

오셀로

간신 이야고의 잔꾀에 넘어가 정숙한 아내를 살해하고 무참히 무너지는 흑인 장군 오셀로의 이야기로 질투심이 얼마나 사람으로 하여금 이성을 잃게 하여 걷잡을 수 없는 파경으로 치닫는지 보여주고 있다.

리어왕

진실과 거짓을 구분하지 못하는 허영심 많은 늙은 왕의 비극을 쓴 이 희곡은 셰익스피어의 작품 중 가장 염세주의적인 작품으로 평가된다.

멕베스

사악한 야망의 늪에 빠진 정직한 영혼이 악의 화신으로 파멸해 가는 주인공을 다룬 이야기로 셰익스피어의 작품 중 가장 화려하고 잔인하다고 알려져 있다.

5대 희극

베니스의 상인

세익스피어 희곡 중 가장 잘 알려진 희곡으로 베니치아를 무대로 하고 있다. 나쁜 상인을 혼내준다는 이야기로 마지막의 반전이 통쾌함을 안겨주며 주인공 샤일록, 포샤는 역사상 실존하는 인물보다 더 잘 알려졌다.

말괄량이 길들이기

제목 그대로 말괄량이 아가씨와 결혼해 그녀를 양순한 여자로 길들여 가장 순종적인 아내로 만든다는 이야기다.

한여름 밤의 꿈

네 남녀의 엇갈린 사랑을 본 요정의 왕이 마법을 써서 서로의 사랑을 찾아주려다 생기는 헤프닝으로 여러 사건들이 생기지만 결국은 모두 자신의 사랑을 찾고 행복해 진다는 이야기다.

십이야

쌍둥이 남매의 모험과 사랑을 그리고 있는데 그 시대에 남장 여자를 묘사했다는 것은 세익스피어가 왜 대문호인지 깨닫게 해준다. 현시대에 나와도 전혀 뒤지지 않을 정도의 로맨틱 코미디라 할 수 있다.

뜻대로 하세요

공작의 직위를 찬탈한 동생과 지위를 잃고 지인들과 함께 숨어사는 형 그리고 그들의 딸들이 겪는 모험과 사랑, 그리고 화해의 이야기를 담고 있다.

재밌는 퍼즐로 영단어도 외우고 어휘도 업그레이드 시킨다

PUZZLE

036

Answer 225p

148

❶ 십자가, 성호, 건너다

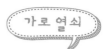

❺ 대중적인, 통속적인

_____ song 대중가요

❻ 확인하다, 대조하다, 막다, 검사

❾ 사무원, 점원, 서기

⓫ 굴리다, 구르다

⓮ 아내, 처

⓯ 이상한, 특이한

❷ 부자의, 부유한, 기름진

❸ 걸음, 단계

_____ by _____ 한 걸음 한 걸음

❹ 덮다, 싸다, 표지

❼ 죽이다, 시간을 보내다

❽ 인쇄하다, 출판하다

❿ 한국

⓬ 육지, 토지, 상륙하다

⓭ he의 소유격

149

통통 튀는 영어지식 충전소

● 교통에 관한 표현회화

Where can I catch a taxi(the bus)?
택시(버스) 정류장이 아디지요?

Where can I catch the bus to Seoul station?
서울역으로 가는 버스를 타려면 어디로 가야지요?

Where to, Sir?
어디까지 가십니까?

Take me to Seoul station(this address).
서울역으로 (이 주소로) 가 주세요.

Let me off here, please.
세워 주세요.

Keep the change.
거스름돈 필요없습니다.

Does this bus go to City Hall?
이 버스 시청에 갑니까?

You must stop your car at a red light.
빨간 신호등 앞에서는 차를 세워야 합니다.

● 교통에 관한 단어

bus stop 버스 정거장
train station 철도역
parking lot 주차장
gas station 주유소
sidewalk 인도
crosswalk 횡단보도
traffic law 교통법규
shortcut 지름길
traffic police 교통경찰
steering wheel 핸들
platform 플랫폼
national highway 국도
be fined 벌금을 내다
underpass 지하도
go straight 곧장 가다
pedestrian 보행자
street light 가로등
traffic light 신호등

PUZZLE

037

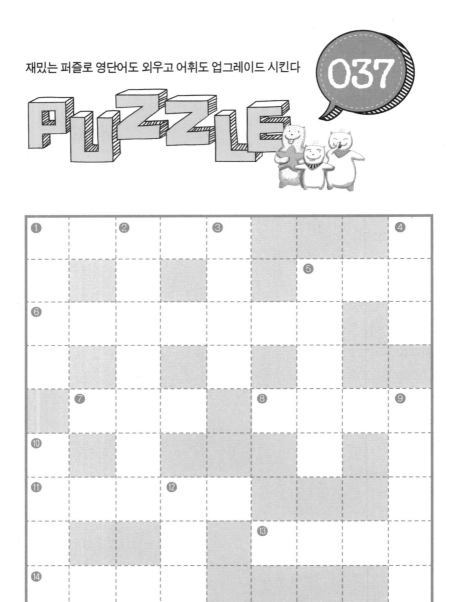

Answer 226p

① 마루, 층
⑤ (말린) 찻잎, 홍차, 차
　　green ＿＿＿＿ 녹차
⑥ 집 밖의, 야외의
⑦ 고정시키다, 수리하다
⑧ 피곤하게 하다, 싫증나다
　　＿＿＿＿d 피곤한, 지친

⑪ 이상적인, 더할 나위 없는
⑬ 굳은, 단단한, 견고한
　　＿＿＿＿ ground 견고한 대지
　　＿＿＿＿ up something ～을 확정하다
⑭ 드럼, 북, 북을 치다

① 음식, 식품
② 바깥쪽, 외부 ～밖에
③ 방
④ 뚱뚱한, 살찐
⑤ 기차
⑨ 적, 원수
⑩ 온후한, 포근한, 부드러운
⑫ 목표, 목적, 겨누다

통통 튀는 영어지식 충전소 ←

● 명사의 반의어

absence 결석	presence 출석
amateur 아마추어	professional 전문가
ancestor 선조, 조상	descendant 자손
arrival 도착	departure 출발
beginning 시작, 처음	end 끝
belief 믿음	doubt 의심
body 신체	soul 영혼
bravery 용기, 용감성	cowardice 겁, 비겁
cause 원인	effect 결과
comedy 희극	tragedy 비극
dawn 새벽	dusk 황혼
devil 악마	angel 천사
demand 수요	supply 공급
ebb 썰물	flow 밀물
employee 종업원	employer 고용주
friend 친구	enemy 적

front 앞	back 뒤
gain 이득	loss 손실
heaven 하늘, 천국	hell 지옥
hope 희망	despair 절망
income 수입	expense 지출
knowledge 지식	ignorance 무지
land 육지	sea 바다
lie 거짓말	truth 진실
life 생명, 삶	death 죽음
latitude 위도	longitude 경도
love 사랑	hatred 미움
majority 대다수	minority 소수
master 주인	servant 하인
misery 불행	happiness 행복
past 과거	present 현재
quality 질	quantity 양
question 질문	answer 대답
safety 안전	danger 위험

Answer 226p

❶ 나쁜, 잘못된

❺ 정말로, 참으로 ~, 정말이야?

❽ (말이) 신, 신랄한, 매서운

❿ 깔개(양탄자)

⓫ 목숨, 인생, 생활

⓭ 릴레이경주, 계주, (철도 등을) 다시 깔다

⓮ 마른, 건조한

❶ 글씨를 쓰다, 편지를 쓰다

❷ 북쪽, 북쪽의

❸ 친구, 동료, 친해지다

　　pen_____ 편지 친구

❹ (gulf 보다 작은) 만, 내포

❻ 경보, 놀람

　　_____ clock 자명종

❼ 긴, 길게

❾ 소나무

⓬ 기쁨, 환희

　　song of _____ 환희의 노래

통통 튀는 영어지식 충전소

● 길 못찾는 외국인 도와주기

글로벌 시대를 맞아 우리나라에도 많은 외국인이 방문한다. 하지만 아직 많은 자료들이 준비되지 않아 많은 외국인이 당황해 하는 것을 볼 수 있다. 이 때 당신이 멋지게 도와준다면 우리나라에 대한 좋은 인식을 외국인에게 심어 줄 수 있으므로, 오늘부터 연습하고 실천해 보자.

May I help you?
Can I give you a hand?   도와드릴까요?

이렇게 두 문장 중 하나를 말하면 된다. 그러면 외국인은 이렇게 말할 것이다.

Could you tell me how to get to (Seoul station)?
서울역이 어디에 있는지 알려주시겠어요?

I've lost my way. Where am I now?
길을 잃었습니다. 여기가 어디입니까?

Is it far from here? 여기서 멉니까?
Where can I get a taxi? 어디에서 택시를 탑니까?

그러면 상황에 맞게 아래처럼 답하면 된다.

Can I check the address you have?
가지고 계신 주소를 보여 주시겠어요?

You're going in the wrong direction.
잘못 가고 계셨네요.

You can take a train from here.
이곳에서 지하철을 타면 되요.

Go straight along this street until you come to bank.
은행이 나올 때까지 이 길을 쭉 따라 가세요.

Turn left (or right) at the post office.
우체국에서 왼쪽(오른쪽)으로 도세요.

It's on the right.
오른쪽에 (가고자 하는곳) 있습니다.

It's across the street from hospital.
병원 맞은편에 있습니다.

Go straight ahead and turn right at the next corner.
곧장 가시다가 다음 모퉁이에서 우회전하세요.

It's next door to City Hall.
시청 옆입니다.

I'll show you the way.
제가 그곳까지 데려다 드릴께요.

재밌는 퍼즐로 영단어도 외우고 어휘도 업그레이드 시킨다

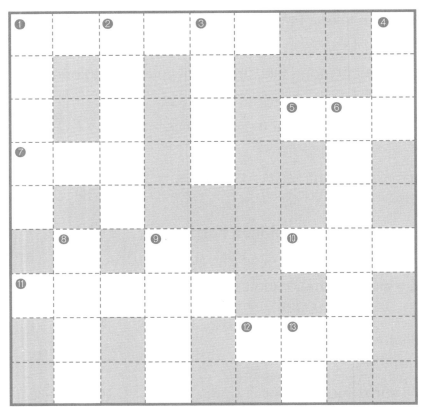

Answer 227p

160

① 옆에, 곁에

⑤ 돼지

⑦ 속임수, 사기

＿＿＿＿＿＿＿ artist 거짓말쟁이, 사기꾼

⑩ do의 과거

⑪ 명령, 지시, 주문, 순서

in ＿＿＿＿＿＿＿ to 하기 위해서

⑫ 빈대, 곤충, 벌레, 귀찮게하다

① 벤치, 긴 의자, 선수를 게임에서 빼다

② 장면, 풍경

③ 친애하는, 사랑하는, 사랑하는 사람

④ 잔, 머그잔

a coffee ＿＿＿＿＿＿＿ 커피 머그잔

⑥ 이닝, 회, 활약기

the frist ＿＿＿＿＿＿＿ 1회 1이닝

⑧ 개구리. ＿＿＿＿＿＿＿man 잠수부

⑨ 느끼다, 촉감

＿＿＿＿＿＿＿ good 기분이 좋다

⑬ 위로, 위쪽으로

＿＿＿＿＿＿＿ and down 상하로(왔다갔다)

161

통통 튀는 영어지식 충전소

● 야구에 관한 표현회화

Are you a baseball fan, too?
너도 야구 팬이니?

Yes, I'm I watch a lot of baseball on TV.
그럼, TV로 야구를 많이 봐.

What's the score now?
지금 점수가 어떻게 되지?

five to one.
5대 1이야.

And the count?
카운트는?

One ball and two strikes.
원 볼에 투 스트라이크.

He is one of the best player on the team.
그는 팀에서 가장 우수한 선수의 한 사람이야.

What team are you pulling for?
당신은 어느 팀을 응원하고 있지요?

The game ended in a tie.
경기는 무승부로 끝났습니다.

● 야구용어 및 단어

to hit a single 일루타

to score a run 득점하다

to drive in a run 타점을 올리다

to hit into a double play 병살타를 치다

to strike out looking 삼진을 당하다

to allow hit 안타를 허용하다

hit by a pitched ball 타자가 투수가 던진 공에 맞다

winning pitcher 승리 투수

losing pitcher 패전투수

winningest pitcher 최다승 투수

batting average 타율

earned run average(ERA) 방어율

a run batted in(RBI) 타점

player 선수

coach 코치

win a game 감독

director 심판

end in a tie 게임에 이기다

cheering 응원

재밌는 퍼즐로 영단어도 외우고 어휘도 업그레이드 시킨다

PUZZLE

040

Answer 227p

❶ 여기에, 여기에서, 이곳

　　Your bag is _____ . 네 가방 여기 있어.

❸ 장미, 장미색의, 불그레한, 홍안의

❺ 교외, 근교

❻ ~의 위에. _____ the ground 땅위에

❽ 본문, 원문. _____book 교과서

❾ 프로, 전문가. a golf _____ . 프로골프선수

❿ 선물, 기증품, 재능, 선물하다

⓫ 주발, 공기, (미국)원형 경기장

❶ 집, 가옥, 가정

❷ 용서하다, 침아주다, 변명하다

　　_____ me, 실례합니다만

❸ 로봇, 기계 인간

❹ 박람회. world _____ 세계박람회

❼ 던지다

　　_____ away 버리다, 낭비하다

　　_____ - threw - thrown

❽ 여행. take a _____ 여행하다

통통 튀는 영어지식 충전소

● 유네스코 세계문화 유산

인류전체를 위해 보호되어야 할 보편적 가치가 인정되는 세계유산을 소개한다.

폴란드의 비엘리치카 소금광산

13세기부터 채굴이 시작되어 17세기부터는 소금 채굴량이 줄면서 소금광산으로서의 의미는 퇴색되었으나 문화적 가치를 인정받는 이유는 광산노동자들이 채굴 뒤 남은 공간을 다양한 용도로 활용하면서 놀라운 예술작품들로 남겼기 때문이다. 지상의 것과 다를 것이 없는 예배당과 운동장, 소금박물관은 물론 1964년에는 지하 211m 지점에 호흡기 환자들을 위한 요양원도 들어섰다.

프랑스의 베르사유 궁전

베르사유는 본래 루이 13세가 사냥을 위해 머물던 여름 별장으로 건축이 적당하지 않은 늪지대였다. 유럽을 압도할 새로운 궁전이 필요했던 루이 14세는 늪지대였던 베르사유를 선택했다. 루이 16세와 마리 앙투아네트가 처형되기 전까지 베르사유는 프랑스 정치와 문화의 중심지 역할을 했으며 베르사유에서 프랑스 왕조는 막을 내린다. 파리 최고의 인기 관광지인 베르사유는 궁전을 비롯해 넓은 정원과 별궁, 마리 앙투아네트 마을까지 모두 둘러보려면 하루 종일 걸리므로 아침 일찍 움직이는 것이 좋다.

그리스 아테네의 아크로폴리스

아크로폴리스는 높은 곳에 있는 작은 도시라는 의미로 신전의 이름이 아니라 신전을 포함한 작은 언덕 자체가 아크로폴리스다. 1천년이 넘는 오랜 기간에 걸쳐 번영해온 신화와 종교문명의 대표적 사례로 파르테논 신전, 프로필리아, 에레치씨엠 신전, 나이키 신전 등 고전시대 그리스 예술의 최대 걸작품들이 산재해 있다.

미국의 그랜드 캐니언

시공을 초월한 지구의 역사, 신이 빚은 자연의 예술품… 문명의 땅 미국에서 만날 수 있는 그랜드 캐니언을 말하는 것이다. 자연의 위대함과 신비로움을 고스란히 간직한 그랜드 캐니언은 계곡을 따라 트레일과 도로가 잘 정비되어 있고 자연 지형을 이용한 전망 포인트도 많다.

이탈리아의 피렌체

꽃 같은 도시라는 뜻의 플로렌스(Florence - 영어명)는 이탈리아 중부, 토스카나 지방의 수도이다. 피렌체의 역사지구는 사방 1km밖에 안 되는 좁은 구역에 도시 전체가 아름다운 예술작품으로 가득 차 있다. 이탈리아 최고의 미술관으로 꼽히는 우피치 미술관과 미켈란젤로 광장, 두오모, 베키오 궁전 등이 있고 큰 도시가 아니기 때문에 교통편을 이용하지 않고 도보로도 여행이 가능하다.

브라질의 이과수 국립공원

'엄청나게 큰 물'이라는 뜻의 이과수 폭포와 그 주변을 둘러싸고 있는 밀림으로 이루어진 이과수 국립공원은 브라질과 아르헨티나 국경에 걸쳐 있으며 두 나라가 공동으로 국립공원으로 지정해 인근 밀림을 보호하고 있다. 보통 오전에는 브라질 쪽에서, 오후에는 아르헨티나 쪽에서 더 좋은 경관을 볼 수 있다.

이집트의 멤피스와 네크로폴리스

이집트 왕국의 구 수도인 멤피스와 멤피스 건너편 기자에서 다슈르 지역에 흩어져 있는 동시대 유적들을 총칭한 개념이다. 바위무덤, 사원, 피라미드 등 죽은 자를 위한 기념물이 많으므로 '죽은 자의 도시'라는 뜻의 네크로폴리스라 부르며 세계 7대 불가사의 중 하나이다.

PUZZLE

041

Answer 228p

❶ 물고기

　　＿＿＿＿＿＿＿ cake 어묵

가 로 열 쇠

❸ 일, 노동, 일하다

　　＿＿＿＿＿＿＿ hard 열심히 일하다

❺ 쓸모있는, 유익한

❻ (종 등을) 땡땡 울리게 하다, 땡땡

❽ 입고 있다, 갖고 있다

　　＿＿＿＿＿＿＿y 지친, 싫증나게 하는

⓫ 밀다, 밀어 움직이다

　　＿＿＿＿＿＿＿ up 엎드려 팔굽혀 펴기

⓬ 바꾸다, 변경하다, 모양을 고치다

⓭ 새로운, 최근(↔old)

❶ 과일, 열매맺다

세 로 열 쇠

❷ ~인 것처럼 보인다, ~인 듯하다

❸ 야생의, 야만의, 난폭한

❹ 둥근, 원형의

　　＿＿＿＿＿＿＿ table 원탁

　　＿＿＿＿＿＿＿ about 둘레에, 사방에, 원을 그려

❼ 물. a glass of ＿＿＿＿＿＿＿ 물 한 잔

❽ 담, 벽

❾ 돌다, 돌리다

❿ (음식을) 씹다. ＿＿＿＿＿＿＿ gum 껌을 씹다

통통 튀는 영어지식 충전소 ←- - - -

● 영어 대문자 사용법

영어의 알파벳에는 대문자와 소문자가 있는 것은 모두들 아는 사실이다. 우리가 모두 아는 사실이지만 언제 대문자를 쓰는 걸까? 이제부터 대문자가 언제 쓰이게 되는지 자세히 알아보도록 하자.

요일, 월, 휴일을 나타낼 때

Christmas is on Saturday. 크리스마스는 토요일이다.

August has one holiday. 8월은 휴일이 하루 있다.

There are 30 days in June. 6월은 30일이다.

※ 주의 - 계절은 대문자를 사용하지 않으니 주의하자.

나라이름, 언어을 나타낼 때

Korea ◌ **K**orean

Canadian ◌ **E**nglish

Mexican ◌ **S**panish

문장의 제일 처음에 시작하는 단어의 첫 글자

She likes me. 그녀는 나를 좋아한다.

There are many books here. 그곳에는 많은 책이 있다.

My brother is very hansome. 내 남동생은 매우 잘생겼다.

특정 지명을 나타낼 때

South America, **A**sia 대륙을 나타낼 때
Korea, **E**gypt 나라를 나타낼 때
Seoul, **N**ew York 도시를 나타낼 때
Pacific Ocean, **A**tlantic Ocean 대양을 나타낼 때
Nile River 강을 나타낼 때
Mount Everest, **M**ount Fuji 산을 나타낼 때

인용문 첫 단어의 첫글자

Hamlet said "**T**o be or not to be that's the problem!"
햄릿은 '사느냐 죽느냐 그것이 문제로다' 라고 말했다.

I 는 문장 어디에나 대문자를 사용

He told me **I** have to study.
그는 나에게 공부를 해야 한다고 말했다.

고유명사는 언제나 대문자를 사용

I went to **C**ity Hall.
나는 시청에 갔었다.

PUZZLE

042

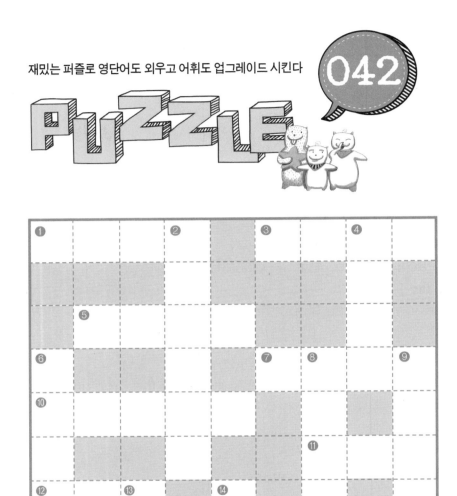

Answer 228p

❶ 음조, 음성, 음색

❸ 가득한, 완전한, 충분한

_____blooded 다혈질의

❺ 사실, 실제, 현실

in _____ 실로, 사실상

❼ 갑, 곶

the _____ of good hope 희망봉

❿ 채택하다, 입양하다

⓫ 테가 달린 모자

⓬ 동성애자인, 쾌활한, 방탕한

⓯ 에나멜(법랑)

❷ 달아나다, 탈출하다, 도망하다

_____ from prison 탈옥하다

_____e 도망자

❹ 등, 등불

❻ 웃음, 소리내어 웃다

_____ at 비웃다

❽ 아프다, 쑤시다, 못견디다

head_____ 두통

heart_____ 상심, 비탄

❾ 입장, 등록, 참가, 참가자

_____ number 참가 번호

⓭ 일본의 화폐, 엔

⓮ 건달, 게으름뱅이

go on the _____ 남에게 폐를 끼치다

173

통통 튀는 영어지식 충전소

● 부정관사와 정관사

부정관사
부정관사로는 a(an)이 있다. 주로 셀 수 있는 명사나 단수 명사일 때 사용된다.

하나를 뜻할 때에 쓰이며, 단어의 자음 앞에서는 a를 쓰고 단어의 모음 앞에서는 a가 an으로 변한다.

> a boy, a pen, a book, a dog, a papper, an apple

There is a cat in th house. 집에 개가 한 마리 있다.
I have a class in the morning. 나는 아침에 수업이 있다.
I have an orange. 나는 오렌지 하나를 가지고 있다.

'~마다'의 뜻으로 쓰이기도 한다.

He wrote one letter to her a month.
그는 그녀에게 한 달에 한 번 글을 쓴다.

정관사
정관사 the는 셀 수 있는 명사, 셀 수 없는 명사 관계없이 모두 쓸 수 있다.

단 하나 밖에 없는 명사 앞에 쓰인다.

the sun, the moon, the earth, the sky, the, the world

The sun rises in the east. 해는 동쪽에서 뜬다.
I read a book in the library.   나는 도서관에서 책을 읽었다.

앞에 나왔던 명사가 다시 나올 때 사용한다.

This is a book. the book is interesting. 이 책은 재미있다.
I bought a watch. The watch is very expensive.
나는 시계를 샀다. 그 시계는 매우 비싸다.

서로 알고 있는 것을 가리킬 때 사용한다.

Close the window, please.   문 좀 닫아 주세요.
pass me the salad, please.   샐러드 좀 주시겠어요?

구기운동 종목이나 과목이름, 계절이름 앞에는 the를 쓰지 않는다.

It will soon be spring again.   곧 봄이 올 것이다.
Football is the most popular sport in Brazil.
축구는 브라질에서 가장 인기있는 스포츠다.

PUZZLE

043

Answer 229p

❶ ~을 부르다, 전화를 걸다, 소집하다

　　at _____ 부르는 즉시

❹ (부사) 여전히, 아직도 / (형용사) 소리 없는, 조용한

❻ 한계, 한도, 제한하다

❼ 전체의, 완전한, 모든

⓫ 지역, 구역

　　desert _____ 사막지역

⓬ 만약 ~ 이 아니면, 만약 ~하지 않으면

❶ 조용한, 고요한

　　(부사) _____ly, (명사) _____ness

❷ 새끼양, 어린양, 순진한

❸ 비단, 명주실

　　_____road 비단길

　　_____worm 누에

❹ 훔치다, 도용하다

❺ 잠그다, 가두다, (비밀, 물건) 간직하다

❼ 날개, 날개 달다

❽ (문 등이) 열려 있는(↔ close)

❾ 편안, 안락, 안신, 편안하게 하다, 안심시키다

　　(형용사) easy

⓾ 센트(1달러의 1/100)

177

통통 튀는 영어지식 충전소 ←

● 알아두면 좋은 영어 속담

An early bird catches the worm. 일찍 일어나는 새가 벌레를 잡는다.

An eye for an eye. 눈에는 눈.

Art is long, life is short. 예술은 길고 인생은 짧다.

A sound mind in a sound body. 건전한 정신은 건강한 육체에 깃든다.

Bad news travels quickly. 나쁜 소문은 빨리 퍼진다.

Blood is thicker than water. 피는 물보다 진하다.

Credit is better than gold. 돈보다는 신용이다.

Don't cry over spilt milk. 엎질러진 물이다.(후회해도 소용없다.)

Easier said than done. 말하기는 쉬워도 실행하기는 어렵다.

Good advice is harsh to the ear. 좋은 충고는 귀에 거슬린다.

Good words cost nothing. 말 한 마디에 천냥 빚도 갚는다.

Habit is a second nature. 습관은 제 2의 천성.

Honesty is the best policy. 정직이 최선의 방책이다.

Knowledge is power. 지식은 힘이다.

Never too old to learn. 배움에는 나이가 많다는 법은 없다.

No labor, no bread. 일하지 않으면 먹지 말라.

No news is good news. 무소식이 희소식.

No pains, no gains. 뿌리지 않는 씨는 돋아나지 않는다.

No thing succeeds like success. 성공은 성공으로 이어진다.

Rome was not built in a day. 로마는 하루 아침에 이루어지지 않았다.

Time and tide wait for no man. 세월은 사람을 기다려 주지 않는다.

Tomorrow is a new day. 내일은 내일의 해가 뜬다.

Too many cooks spoil the broth. 요리사가 많으면 수프를 망친다.

Well begun is half done. 시작이 반이다.

Where there is a will, there is a way. 뜻이 있는 곳에 길이 있다.

You reap what you sow. 뿌린 대로 거둔다.

Thou shalt love thy neighbor as thyself.
너의 이웃을 사랑함을 너 자신을 사랑하듯 하라.

Don't put off for tomorrow what you can do today.
오늘 할 일을 내일로 미루지 말아라.

Everything comes to those who wait.
기다리는 자에게는 때가 온다.

Heaven helps those who help themselves.
하늘은 스스로 돕는 자를 돕는다.

When in Rome, do as the Romans do.
로마에 가면 로마인처럼 해라.

재밌는 퍼즐로 영단어도 외우고 어휘도 업그레이드 시킨다

044

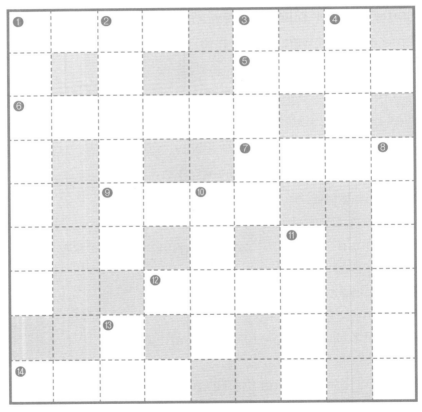

Answer 229p

❶ 가격, 원가, 비용

❺ ~이 위에

    once _____ a time 옛날에

❻ 편지, 글자, 문자(복수)면허장, 증서

    _____head 편지지 위쪽의 인쇄 문구

    write _____ in English 영어로 편지를 쓰다

❼ ride (말, 버스를 타다)의 과거

❾ 찾아내다, 발견하다

⓬ 연, 솔개. fly a _____ 연을 날리다

⓮ 우편, 우편물

    _____man 우편 집배원

❶ 대학, 단과대학

❷ 앉은 사람, 모델로 앉은 사람

❸ 서두르다, 서두름

❹ 낱말, 말, 약속

❽ 편집자, 편집주간

❿ 한 쌍, 한 켤레

⓫ 무서움, 공포

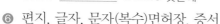

    _____ for some body ~을 염려하다

⓭ we의 목적격으로, 우리를, 우리에게

181

통통 튀는 영어지식 충전소

● 책이나 독서에 관한 표현회화

He knows the pleasure of enjoying literature.
그는 문학을 즐기는 기쁨을 알고 있습니다.

Who is the author of this novel?
이 소설의 저자는 누구입니까?

Do you read a lot?
책을 많이 읽으십니까?

I indulge in reading fantasy novels.
저는 판타지 소설을 읽는 것에 빠졌어요.

I prefer novel to essay.
수필보다 소설을 좋아합니다.

● 책이나 독서에 관한 단어

pome, poetry 시
novel, fiction 소설
drama 희곡
prose 산문
comedy, tragedy 희극, 비극

play 연극

literature 문학

detective story 탐정소설

original, translation 원서, 번역서

periodical 정기간행물

magazine 잡지

weekly magazine 주간지

monthly magazine 월간지

quarterly 계간지

manuscript 원고

article 기사

publisher 출판인

author 저자

editor 편집자

publishing company 출판사

read extensively 다독하다

read intensively 정독하다

read at random 닥치는 대로 읽다

read aloud 소리내어 읽다

read through 통독하다

glance over 훑어보다

read greedily 탐독하다

재밌는 퍼즐로 영단어도 외우고 어휘도 업그레이드 시킨다

PUZZLE

045

Answer 230p

❶ ~해야 한다, ~하는 것이 마땅하다
   (항상 to가 붙는 부정사와 함께 쓴다)
   I told him that he _____ to do it.
   나는 그에게 그 일을 해야 한다고 말했다.

❺ 말. the _____ 경마

❼ 맛보다, 맛이 나다, 맛

❽ run(달리다)의 과거형

⑫ 스스로, 자기 자신의
   of _____ 저절로
   by _____ 혼자서
   for _____ 스스로

⑭ 입맞춤, 입맞추다

⑮ 경고하다, 충고하다
   _____ing 명사

가로 열쇠

❶ 맹세, 선서, 서약

❷ 몸짓, 손짓, 제스처

❸ they의 소유격, 그들의

❹ 진, 작업복 바지

❻ 망치다, 폐허로 만들다, 파멸

❾ 허락하다, 내버려두다
   _____ for 참작하다, 고려하다

⑩ 양말
   a pair of _____s 양말 한 컬레

⑪ ~보다(비교의 대상이 되는 것을 나타냄), ~이상으로
   I'm younger _____ you. 나는 너보다 어리다

⑬ 조난 신호, 위급신호

세로 열쇠

통통 튀는 영어지식 충전소 ←

● 우리나라 유네스코 문화재

우리나라에는 유네스코에 등록된 문화재가 많이 있다. 그 중에서 가장 유명한 것들을 추려 보도록 하자.

석굴사

석굴사는 서기 751년 신라 경덕왕 때 당시 재상이었던 김대성이 창건하기 시작하여 서기 774년인 신라 혜공왕 때 완공되었으며, 건립 당시의 이름은 석불사였으나 일제시대 때부터 석굴암으로 사용하였으나 이는 잘못된 표기이다. 석굴사는 신라시대의 전성기에 이룩된 최고 걸작으로 평가되며, 그 조영계획에 있어 건축, 수리, 기하학, 종교, 예술이 총체적으로 실현된 것이다. 석굴사의 석굴은 국보 제 24호로 지정 관리되고 있으며 석굴사는 1995년 12월 불국사와 함께 유네스코 세계문화유산으로 공동 등재 되었다.

불국사

불국사는 석굴사와 같은 서기 751년 신라 경덕왕때 김대성이 창건하여 서기 774년 신라 혜공왕때 완공하였다. 불교교리가 사찰 건축물을 통해 잘 형상화된 대표적인 사례로 아시아에서도 그 유례를 찾기 어려운 독특한 건축미를 지니고 있다. 1995년 12월 석굴사와 함께 세계문화유산으로 공동 등재되었다.

해인사장경판전

해인사 팔만대장경은 오랜 역사와 내용의 완벽함, 그리고 고도로 정교한 인쇄술의

극치를 엿볼 수 있는 세계 불교경전 중 가장 중요하고 완벽한 경전이며, 장경판전은 대장경의 부식을 방지하고 온전한 보관을 위해 15세기 경에 건축된 건축물로 자연환경을 최대한 이용한 보존과학 소산물로 높이 평가되고 있다. 이 중 해인사 장경판전은 1995년 12월 유네스코 세계문화유산으로 등재되었다.

종묘

건축양식을 지닌 의례공간이다. 의례와 음악과 무용이 잘 조화된 전통의식과 행사가 이어지고 있다. 종묘는 사적 제125호로 지정 보존되고 있으며 소장 문화재로 정전(국보 제227호), 영녕전(보물 제821호), 종묘제례악(중요무형문화재 제1호), 종묘제례(중요무형문화재 제56호)가 있으며, 1995년 12월 유네스코 세계유산으로 등재되었다.

창덕궁

동아시아 궁전 건축사에 있어 비정형적 조형미를 간직한 대표적 궁으로 주변 자연환경과의 완벽한 조화와 배치가 탁월하다. 1997년 12월 유네스코 세계문화유산으로 등재되었다.

수원화성

18세기에 완공된 짧은 역사의 유산이지만 동서양의 군사시설이론을 잘 배합시킨 독특한 성으로서 방어적 기능이 뛰어난 특징을 가지고 있다. 약 6km에 달하는 성벽 안에는 4개의 성문이 있으며 모든 건조물이 각기 모양과 디자인이 다른 다양성을 지니고 있다. 1997년 12월 유네스코 세계문화유산으로 등재되었다.

재밌는 퍼즐로 영단어도 외우고 어휘도 업그레이드 시킨다

PUZZLE

046

Answer 230p

❶ 계산서, 청구서, 증서

　　_____board 게시판

❹ 값, 가격, 물가

　　_____ list 정가표

　　at a _____ 비교적 비싼 값으로

❻ 열쇠, 수단, 피아노키

❼ 비자

❽ 선, 줄, 새끼, 노끈

　　draw the _____ 한도를 정하다

⑪ 일본

⑬ 7월

⑭ 뿔, 나팔, 경적

가로 열쇠

❶ 굽다

　　_____ a cake 케이크를 굽다

　　_____r 빵 굽는 사람

　　_____ry 제빵소, 제빵 판매점

❷ 충성스러운, 충성을 다하는, 충실한

　　_____ist 충성스러운 사람

❸ 여행하다, 이동하다, 여행

❺ 현금, 현찰, 현찰을 지불하다

❾ 이탈리아

⑩ 콩

⑫ 미확인 비행물체

세로 열쇠

통통 튀는 영어지식 충전소 ←

● 명사의 성

명사에는 여성과 남성을 나타내는 단어가 틀리다. 이제 성별이 틀린 단어는 어떤 것이 있는지 알아보도록 하자.

다른 단어로 나타내는 것

남성	여성
bull, ox 소	cow 암소
fox 여우	vixen 암여우
cock, rooster 수탉	hen 암탉
brother 형제	sister 자매
father 아빠	mother 어머니
father-in-law 장인, 시아버지	mother-in-law 장모, 시어머니
son 아들	daughter 딸
gentleman 신사	lady 숙녀
husband 남편	wife 아내
king 왕	queen 여왕
lad 총각	lass 처녀
man 남자	woman 여자
nephew 조카	niece 조카딸
schoolboy 남학생	schoolgirl 여학생
uncle 아저씨	aunt 아주머니

성을 나타내는 단어를 붙이는 것

남성	여성
he-ass 당나귀	she-ass 암컷당나귀
he-goat 염소	she-goat 암컷 염소
bull-elephant 코끼리	cow-elephant 암컷 코끼리
bull-whale 고래	cow-whale 암컷 고래
cock-pheasant 꿩	hen-pheasant 암컷꿩
dog-ape 원숭이	bitch-ape 암컷 원숭이
grand-father 할아버지	grand-mother 할머니
land-lord 여관주인	land-lady 여관여주인
boy-friend 남자친구	girl-friend 여자친구
man-servant 하인	maid-servant 하녀

접미사 - ess를 붙여 여성을 나타내는 것

남성	여성
actor 배우	actress 여자배우
editor 기자	editress 여기자
host 주인	hostess 여주인
prince 왕자	princess 공주
steward 남자승무원	stewardess 여자승무원

PUZZLE

047

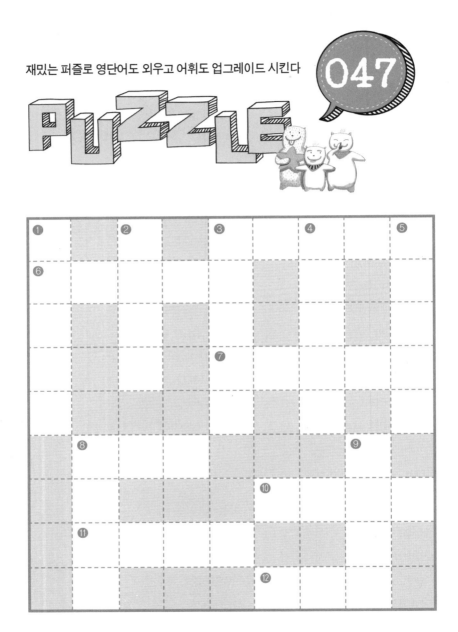

Answer 231 p

❸ 이솝(그리스 우화 작가)

❻ 피, 혈액, 혈통

in cold _____ 냉정하게

let _____ 피를 뽑다

_____ bank 혈액은행

❼ 차용 계약, 임대차 계약, 빌려주다

❽ 도약, 한쪽 발로 껑충 뛰다

_____ a fence 담을 뛰어넘다

❿ 고기

_____y 고기의, 고기가 많은

⓫ 얻다, 획득하다, 이익, 증가

_____ on A A에 육박하다, A에 접근하다

⓬ 수줍은, 부끄러운

_____ boy 수줍은 소년

❶ 남용하다, 오용하다, 남용

❷ 뼈, 골격

no _____s of A A에 대해 태연하다

❸ 성장한, 성숙한, 어른

_____ movie 성인 영화

❹ 생야채 요리, 샐러드

❺ 종이, 신문지

❽ 거대한, 엄청난

a _____ crowd 엄청난 수의 군중

❾ 해군

통통 튀는 영어지식 충전소

● 여행에 관한 표현회화

I love traveling.
나는 여행을 좋아합니다.

This is my first trip overseas.
해외여행은 이번이 처음입니다.

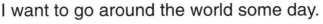

I want to go around the world some day.
언젠가 세계일주를 하고 싶어요.

Did you have a good trip?
여행은 즐거웠나요?

Where did you go on vacation?
휴가를 어디로 갔나요?

How long have you been gone?
얼마나 가 계셨어요?

I need medicine for carsickness.
차멀미 약이 필요합니다.

There are lots of tourist attractions in China?
중국에는 많은 관광명소가 있습니다.

● 여행에 관한 단어

traveling, journey, tour, trip 여행
sightseeing tour 관광여행
goodwill tour 친선여행
school excursion 수학여행
field trip 견학여행
traveling abroad(voyage) 해외여행(항해)
go on a travel 여행하다
travel round the world 세계 일주 여행을 하다
tourist 관광객
course 관광코스
passenger 승객
historic sites 역사 고적지
itinerary 여행 일정
passport(visa) 여권(사증)

local train 보통열차
express 급행열차
super express 초특급
by land(see, airplane, train) 육로로(해로, 비행기, 기차)
on official business 공적인 일로
on private business 사적인 일로

PUZZLE

048

Answer 231 p

❶ 질질 끌다, 끌어당기다

　　　　　　gle 질질 끌어 더럽히다

❹ 새벽, 동틀녘, 날이 새다

❻ 유명한, 이름난

❽ 기호, 신호, 간판, 서명하다

　　　　　　al 신호, 신호의

❿ 저음, 저음의, 베이스

⓬ (공간적) 틈, (시간적) 공백

⓭ 이슬, 방울

　　　　　　drop 이슬방울

　　　　　　y 이슬에 젖은

 가로 열쇠

❷ 현실의, 실제의, 진실의

　　　　　　ism 현실주의

❸ 영광, 명예, 기뻐하다

❹ 상의하다, 논의하다

❺ 씻다, 빨래하다, 씻어내다

　　　　　　basin 세숫대야

　　　　　　board 빨래판

❼ 홍수, 밀물

at the 　　　　　　 밀물이 차서

　　　　　　light 조명등

❾ 잡아채다, 움켜잡다

❿ 활, 활 모양으로 굽히다

　　　　　　 tie 나비모양 넥타이

⓫ 스파이, 간첩, 밀정

 세로 열쇠

197

통통 튀는 영어지식 충전소

세계의 7대 불가사의

❶ 이집트 피라미드

7대 불가사의 중 현존하는 것은 이집트의 피라미드뿐이다. 피라미드는 고대 이집트의 왕 파라오의 묘로 가장 많이 알려진 것은 카이로에서 남서쪽으로 13km 떨어진 기자 고원의 3개 피라미드다. 세 개의 피라미드는 왕의 이름을 따서 쿠푸 왕의 피라미드, 카프레 왕의 피라미드, 맨카우레 왕의 피라미드로 불린다. 고대 이집트인들의 피라미드의 건축 방법은 여전히 풀리지 않는 의문으로 남아 있을 정도라고 하니 새삼 그들의 지혜가 놀랍다.

❷ 알렉산드리아의 피로스 섬의 등대

BC 250년 무렵 이집트의 프톨레마이오스 2세가 알렉산드리아 항구 근처 작은 섬 파로스에 세운 대리석으로 된 높이 135m의 세계 최초 등대로 지진으로 파괴된 이후에는 등대의 잔해로 요새를 쌓을 만큼 어마어마한 크기였다고 한다. 파로스 등대가 불가사의로 알려지게 된 것은 높이 때문으로 당시 시대가 기원전이라는 걸 감안한다면 엄청난 높이라는 것을 알 수 있다. 참고로 남산의 높이는 262m이다.

❸ 바빌론의 가공원

이 건축물은 기원전 600년경 신바빌로니아의 왕 네부카드네자르가 자신의 왕비를 위하여 세운 궁전이다. 실제로 공중에 떠 있는 것이 아니라 높이 솟아 있는 연속된 계단식 테라스에 만든 옥상 정원으로 유프라테스 강물을 펌프로 끌어올려 물을 댔다.

❹ 할리카르나시스의 마솔루스 왕의 묘

기원전 4세기에 만들어진 거대한 흰 대리석의 묘로서, 페르시아 제국의 총독 마우솔로스를 위하여 만들어진 무덤기념물이다. 면적 2935.6m, 높이 50m로 할리카르나소스의 묘묘(墓廟)라고도 한다. 마우솔로스의 생전에 착공되었으나, 그가 죽은 뒤 왕비 아르테미시아가 계속 진행하였고 완성된 시기는 왕비 아르테미시아가 죽은(BC 350) 뒤로 추측된다. 그 특이한 모양과 복잡한 장식 때문에 세계의 7대 불가사의의 하나로 꼽혔다.

❺ 에베소의 아르테미스 신전

기원전 6세기, 에게 해 연안에 셀주크라는 터키의 도시에 건축된 달의 여신 아르테미스의 신전이었으나 지금 현재는 일부 대리석과 기둥의 잔해만이 남아 있다. 아르테미스 신전은 건축물로서 빼어나게 아름다웠기 때문에 세계 7대 불가사의 중의 하나로 꼽혔다.

❻ 올림피아의 제우스 상

기원전 435년에 고대의 유명한 조각가 페이디아스에 의해 만들어진 하늘의 신 제우스를 본 뜬 것이다. 제우스 상의 크기는 받침대를 포함하면 약 12미터 정도로 거의 천장이 닿을 정도였으나 오랜 역사 속에서 소실되고 말았다.

❼ 로도즈 상

에게 해 남동부 터키 남서단에 위치한 로도스 섬은 BC 305년 마케도니아의 침공을 받고 무려 1년 여를 버텨 승리를 거두었다. 이 승리에 로도스인들은 전승 기념으로 로도스 섬 수호신 헬리오스(태양신) 거상을 세우기로 했는데 그것이 오늘날 알려진 로도스 거상이다.

재밌는 퍼즐로 영단어도 외우고 어휘도 업그레이드 시킨다

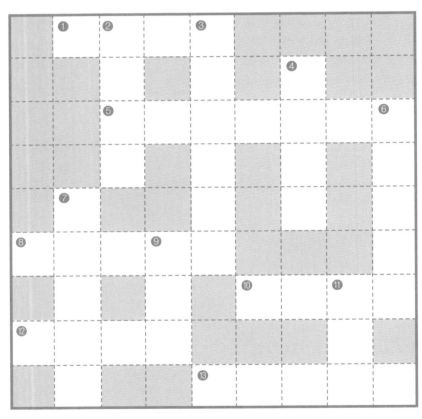

Answer 232p

❶ 감탄사로 (배 따위를 부를 때) 어이!

Ship _____! 어이 배!

❺ 선생님, 가르치는 사람

❽ 행복한, 즐거운, 기쁜

I'm not _____ with your work. 나는 네가 한 일에 불만이다

❿ 힘차게 달리다, 돌진하다, 급히 가다

_____hour 출근이나 퇴근 시간처럼 사람이 많이 밀려오는 시간

⓬ 발, 발치, 걸음걸이

on _____ 걸어서, 도보로

put one's _____ down 굳게 결심하다, 단호하게 행하다

⓭ 죽음, 사망, 죽은 모양, 소멸

_____less 죽지 않는, 불멸의, 불후의

_____like 죽은 듯한, 송장 같은

가로 열쇠

❷ (사람과 관련지어 말할 때) 미워하다, 싫어하다

I'm not _____ful. 나는 미워하지 않아요

❸ 1년에 한 번의, 매년의, 해마다

I visit to there _____. 나는 매해 그곳을 방문하다.

❹ 가게, 상점, 소매점, 미국에서는 보통 store라고 한다

_____keeper 소매상인, 가게 주인

❻ 도착하다, 다다르다, ~로 통하다, 연락하다

You can _____ me at 1234-567.

1234-567로 전화하면 저와 연락이 됩니다.

❼ 친절, 호의, 은혜. in _____ of A A에 찬성하여

_____ able 형편에 알맞은, 순조로운, 알맞은

❾ 애완동물

⓫ 술고래, 주정뱅이

세 로 열 쇠

통통 튀는 영어지식 충전소

● 세계 여러나라의 명절과 기념일

중국

1월 1일(음력) 춘절
중국의 가장 큰 명절로 우리나라의 설날과 같은 날이다. 고향을 방문해 제사를 지내고 가족의 화목을 기원하는 것도 우리와 비슷하다.

8월 15일(음력) 중추절
우리나라의 추석과 같은 의미로 가족이 모여 달구경을 하며 월병을 먹는다.

10월 1~3일 건국기념일
중화인민공화국의 건국기념일이다.

일본

오봉절(8월 15일 전후)
불교 행사로 조상의 영혼이 이승의 집으로 찾아오는 날이라 하여 음식을 장만하여 조상의 명복을 빌고, 조상의 묘를 찾아 성묘하는 사람이 많다. '유키타' 를 입고 '봉오도리' 라는 춤을 추며 여러 행사를 즐긴다.

헌법기념일(憲法記念日) 5월 3일
일본국 헌법이 시행된 날이다.

어린이 날(子供の日) 5월 5일
원래는 '단고노 셋쿠(端午の節句)' 라 하여 남자아이의 건강한 성장을 기원하는 날.

황금연휴(Golden Week)
특별한 행사나 명절은 아니지만, 4월29일 식목일 부터 5월3일 헌법기념일, 5월4
일 국민 휴일, 5월5일 어린이 날까지 연휴가 이어지는 주간.

어머니 날(母の日) 5월 둘째주 일요일
원래 미국의 교회에서 시작되었다고 하는데, 일본에서도 기독교 교회의 활동에 따
라 확산되어 1949년 경 어머니 날이 확정되었다. 어머니에게 빨간 카네이션과 선
물 등을 드리며 감사의 마음을 표하는 날이다.

미국

독립기념일(7월 4일)
독립기념일은 1776년 7월 4일 독립선언문에 서명한 날을 기념하는 날이다.

추수감사절(11월 네번째 목요일)
저녁에 구운 칠면조 요리, 크랜베리 소스, 감자, 호박파이 등을 먹으며 가족들이나
친구들이 함께 한 자리에 모인 것과 자신들이 받은 축복을 감사하는 기도를 드린다.

부활절(3월 22일 ～ 4월 25 사이에 유동적으로)
기독교인들이 그리스도의 부활을 기억하는 종교적인 날이지만 미국인 모두 즐기
는 전통적인 날이다. 달걀을 예쁘게 장식하고 달걀 찾기 행사가 마당과 공원에서
열린다.

PUZZLE

Answer 232p

❶ 단, 달콤한(↔ bitter), 맛있는, 향기로운
　　_____en 달콤하게 하다, 좋게 하다
❹ 비무장지대. demilitarized zone의 약자
❻ 예쁜, 귀여운, 애교 있는, (부사) 꽤, 매우
❽ tie (매다)의 과거, 과거분사
　　_____ up 묶다
❾ ~의 경향이 있는, ~의 성질을 가진 따위의 형용사를 만드는 접미어
　　act_____, sensit_____
❿ 부채, 선풍기, 송풍기, 부치다, 부채질하다
　　(영화, 야구 따위의) 팬. _____ mail 팬레터
⓫ 비율, 정도, 속도, 평가하다, 가격을 정하다
　　at any _____ 어쨌든
⓭ 손님, 숙박객. the _____ of honor 주빈
⓮ (서비스에 대한) 수수료, 요금

❶ 짧은, 잠시의, 키가 작은(↔ tall)
　　run _____ 부족하다, 다 떨어지다
　　_____ of A A이 아닌 한
❷ 설명하다, 명백히 말하다. 명사는 explanation 설명, 해석
❸ 극장, 연기, 강당, (영국) theatre
❺ ~해도 좋다, ~일지도 모른다. _____be 어쩌면, 아마
❼ 취급하다, 대우하다, 대접하다
　　_____ment 취급, 대우
❿ 안개, 자욱한 연기, 몽롱한
　　_____gy 안개가 자욱한, 흐릿한, 몽롱한
⓬ 눈. _____brow 눈썹

205

통통 튀는 영어지식 충전소

● 달 이름의 어원

January 1월

고대 로마시대 출입문을 관장하는 두 얼굴을 가진 신인 야누스(janus)의 이름을 딴 것으로 새해 첫달은 신년과 구년의 앞 뒤를 돌아본다는 달이라고 해서 야누스로 지어졌다. 로마 시대에는 새해 최초의 정월은 1월이 아니라 3월이었다. 이것은 다른 달에도 많은 영향을 끼친다.

February 2월

고대 로마에서는 결실의 신인 루페르쿠스(lupercus)를 모시는 제전이 있었다. 이 제전에서 신에게 제사를 지낸 산양의 피를 묻힌 가죽끈을 februa(부정을 막는 부적)라고 불렀다. 이러한 제전이 있는 달이라고 해서 2월을 Februarius(부정 방지의 달)이라 했고, 여기에서 영어 February가 생겼다.

March 3월

군신이며 농업의 신인 마르스(Mars)에서 따 온 라틴어인 Martius에서 기원하였다. 고대 로마의 시대에는 3월이 한 해의 시작이었으나 기원전 2세기경에 달력을 고쳐 1월인 January와 2월인 February를 넣음으로써 March는 3월이 되었다.

April 4월

봄은 사랑의 계절이므로 미의 여신이고 사랑의 여신인 Aphrodite(아프로디테)의 머리글자 Aphro에서 이 달의 이름이 되었다고 한다.

May 5월

May는 고대 로마 사람들이 달 이름으로 부르던 Maius에서 따 온 것이다. Maius란 말은 성장과 번식의 여신인 Maia에게 드린 달이라는 뜻이다.

June 6월

고대 로마 사람들이 달 이름으로 부르던 Junius에서 온 것이다. Junius란 말은 고대 로마의 명문 집안인 '유니우스'가에 바쳐져서 이름붙여진 것이다.

July 7월

July는 고대 라틴어인 Julius가 그 기원이다. 그가 암살된 후에 그를 기념하기 위하여 그의 이름 Julius를 따서 Julius라고 불렀다. 이것이 Juiy로 된 것이다.

August 8월

August란 말은 고대 로마의 초대 황제 아우구투스(Augustus Caesar)의 이름에서 따 온 Augustus에서 온 것이다.

September 9월

라틴어 septem은 '7'의 뜻으로 고대 로마 시대에서는 September(9월)가 7월이었다.

October 10월

라틴어에서 octo는 '8'의 뜻이지만 두 달씩 밀리면서 10월이 되었다.

November 11월

November의 이름도 September처럼 본래의 뜻보다 2개월이 늦은 것이다. 라틴어에서 Novem은 '9'를 나타낸다.

December 12월

라틴어에서 Decem은 '10'을 의미를 나타내지만 2개월이 늦쳐져 12월이 되었다.

Answer 001

b	r	e	a	d		n	e	w
		a		o		e		e
n	o	t				a	r	e
u				e	a	r		k
r		c		v			a	
s	e	a		e			n	
e		r		r	e	a	d	y
		d	a	y		g		
i	n		n		c	o	o	k

Answer 002

a	b	o	u	t		z	o	o
	o		n				p	
m	y		c			b	e	d
a		e	l	s	e		n	o
n	o	t	e		g	o		n
		c		n	g		m	e
w			s			r		
a	l	s	o			u	s	e
y			n	o	o	n		

Answer 003

y	e	a	r			b		i
e		i		g	l	a	s	s
s	u	r	e			c		
t			n		o	k	a	y
e	a	s	t		n			
r			e	l	e	v	e	n
d	o	o	r			e		i
a		l				r		c
y		d	r	y		y		e

Answer 004

	h		i		k	n	o	w
k	i	n	d					o
			e	a	c	h		m
	s	e	a	t				a
	p				j	o	i	n
w	e				u			
	a	u	g	u	s	t		a
	k		o		t	e	e	n
		a	d	d		a		y

Answer 005

①g	②a	r	③d	e	④n		⑤a	
	p		a		⑥e	a	s	y
	p		r		e		k	
	l	⑦k	⑧i	d				
⑨b	e	e		n		⑩c	⑪a	n
o		⑫i	t			r		
⑬a	⑭l	⑮l		⑯o	r		m	
t		e		e				
		g			⑰d	i	s	h

Answer 006

①f	②a	c	e		③h	④o	u	⑤r
	g					f		o
⑥b	a	⑦n	k			t		a
	i		i		⑧e	n	d	
	⑨n	i	n	⑩e		n		
		⑪g	a	s		⑫l		
⑬s	a	y		r		i		
k			⑭l	o	o	k		
⑮y	o	u		y		e		

210

Answer 007

c	l	e	a	n		m	a	p
a						e		
r	a	i	n		h	e	l	p
	p				t			a
	r	i	s	e				r
	i			n	i	g	h	t
i	l	l		j		a		
c		i		o	u	t		
e	m	p	t	y		e	y	e

Answer 008

b	l	a	c	k		s	a	d
	a		a			l		
	k	i	t	c	h	e	n	
	e			a		e		
				g		p	i	g
	h	i	d	e			t	
	e		o		d	e	s	k
	r		w		o			
m	o	o	n		g	o	l	d

211

Answer 009

1 w	a	2 l	k		3 m	o	4 v	e
e		e			i		i	
5 l	e	a	f		n		s	
c		r			6 u	n	i	t
o		7 n	8 e	x	t		t	
m			a		e			9 h
10 e	v	e	r			11 h		o
			t		12 h	i	l	l
13 m	u	c	h			m		e

Answer 010

	1 b	2 r	i	3 g	h	t		
		e		i			4 w	
		5 a	6 f	r	7 i	c	a	
		8 d	u	l	l		r	
9 n			n		l			
10 e	g	o			11 n	a	12 m	e
v			13 p		e		a	
e			i		14 s	i	n	g
15 r	u	l	e		s		y	

Answer 011

❶ a	❷ w	a	y		❸ s	o	m	e
	a				a			
	❹ i	n	q	u	i	r	❺ e	
	t				l		e	
		❻ o		❼ f		❽ s	l	❾ y
	❿ a	f	t	e	r			e
⓫ b		f		w		⓬ w	a	s
a						h		
⓭ d	a	n	c	e		⓮ y	e	t

Answer 012

	❶ c		❷ h	a	i	❸ r		❹ p
❺ h	o	p	e			i		o
	l		r			g		o
	d		❻ e	❼ i	❽ t	h	e	r
❾ c				❿ n	o	t		
o			⓫ e	v	e		⓬ p	
⓭ l	a	y		i		⓮ f	a	r
o				t			r	
⓯ r	a	t	h	e	r		k	

213

Answer 013

q	u	i	t	e		t	o	y
u				n			a	
e	n	e	r	g	y		k	s
e				l				u
n	o	t	h	i	n	g		n
	w			s		i		
l	e	t		h	e	a	r	
o		e				n		
w	i	n		h	o	t	e	l

Answer 014

a	l	w	a	y	s		p	
	a					f	o	r
b	r	a	i	n			o	
	g			i		f	l	y
	e	v	e	n		a		
c		o		e	l	s	e	
o		i			t		s	
o	n	c	e				e	
l		e		s	t	o	r	e

Answer 015

① a	n	② i	m	a	③ l			④ h
b		n			e			o
⑤ l	a	t	e		⑥ f	a	r	m
e		e			t			e
		n	⑦ c					
⑧ d	a	d		⑨ o	n	⑩ l	y	
r				m		o		⑪ h
⑫ a	d	d	r	e	s	s		o
w					⑬ e	a	t	

Answer 016

① b	l	② u	e		③ t	o	④ w	n
o		n			a		a	
o		d			⑤ b	o	r	n
⑥ k	e	e	p		l		m	
		r		⑦ s	e	⑧ t		
	⑨ t			a		e		
⑩ b	e	g		⑪ w	e	a	k	
	s				r		⑫ u	
	⑬ t	e	a	c	h		⑭ a	s

215

Answer 017

①c	a	②s	e		③t		④w	
a		e		⑤t	a	k	e	
⑥t	a	l	k		i		l	
c		l		⑦l	⑧i	l		⑨y
h					n			e
	⑩g			⑪f	i	n	a	l
⑫l	i	e		a		e		l
	v			l		r		
	⑬e	a	g	l	e		⑭i	f

Answer 018

①c	②o	u	n	t	r	③y		④s
	f					o		k
	f		⑤c			u		i
⑥a	i	r	p	o	r	t		
	c			i		⑦h	o	⑧w
⑨d	⑩e	v	i	l				h
a		o			⑪t	⑫a	x	i
⑬t	i	t	l	e		r		t
e		e				⑭t	h	e

216

Answer 019

	1 u				2 d		3 p	m
	4 s	i	5 s	t	e	r		
	u		a		e			6 l
7 t	a	l	l		8 p	a	g	e
	l		t					a
	l						9 t	v
10 m	y	11 s	e	l	12 f			e
e		e			o			
13 n	o	w		14 e	x	a	c	t

Answer 020

	1 t		2 f		3 f	4 o	r	5 k
6 c	h	a	l	k		f		n
	a		o					i
	7 n	e	w	s				f
	k		e		8 e	d	9 g	e
10 g			r		c		l	
11 a	c	t		12 a	h	e	a	d
m					o		d	
13 e	n	v	y					

Answer 021

a	l	b	u	m		a		a
r		u		e	q	u	a	l
o	i	l		r		t		o
u		l	a	r	g	o		n
n				y				e
d	o	l	l		b	a	t	
	h		a			i		b
			d	e	a	d		a
o	b	e	y				h	g

Answer 022

p	a	i	n	t		t		a
r		s		t	h	i		s
e	e	l		d		i		s
s		a	n	y	o	n	e	
e		n		e		k		c
n	u	d	e					a
t			x		p	i	c	k
	s	i	x					e
b	y		t		b	i	g	

Answer 023

	①b					②b	③u	t
④p	e	n	⑤c	i	⑥l		n	
	a		h		⑦a	n	t	
⑧a	r	e	a		s		i	
b			i		⑨t	⑩i	l	e
o		⑪c	r	y		m		
v		h			⑫p	a	s	⑬s
⑭e	v	e	n	⑮t		g		i
		w		⑯o	c	e	a	n

Answer 024

①A	m	e	r	②i	③c	④a		⑤j
f				⑥n	o	n		o
⑦t	h	i	r	d		y		b
e				i		h		
⑧r	⑨a	t		⑩a	l	o	n	⑪g
n		i		n		w		r
⑫o	w	n			⑬S			a
o					h			i
⑭n	e	t		⑮b	e	g	i	n

Answer 025

	① a						② g	
	③ n	o	④ v	e	⑤ m	b	e	r
⑥ s	o		i		a		t	
	⑦ t	o	o		y			⑧ i
	h		l			⑨ p	e	n
	⑩ e	p	i	⑪ c		i		c
⑫ m	r		⑬ n	o	u	n		h
a				a				
⑭ t	o	a	s	t		⑮ p	u	t

Answer 026

① c	o	② u	r	③ t		④ c		⑤ c
l		p		⑥ h	a	h		a
o				r		i		p
⑦ u	m	⑧ b	r	e	l	l	a	
d		u		e		d		
		y		⑨ s		⑩ a		
⑪ o				⑫ d	i	a	r	y
⑬ w	o	n		z		a		
l			⑭ d	i	e		b	

220

Answer 027

❶a	p	❷a	r	❸t		❹t	❺o	p
n		d		m			l	
❻y	e	l	l	o	w		y	
t		i					m	
❼h	a	b	i	t			p	
i					❽d	i	e	
❾n	❿a	⓫t	u	r	e		c	
g		r		i				⓬s
	⓭y	o	d	e	l			o

Answer 028

❶b	a	❷b	y		❸t	i	❹m	e
a		e		❺s			a	
❻l	e	a	s	t		❼a	t	e
l		u		a			h	
		t		❽r	o	❾b		❿u
⓫t	h	i	n			⓬i	n	n
o		f		⓭f	i	r	e	
m		u				d		⓮a
⓯b	e	l	l					m

221

Answer 029

b	r	o	t	h	e	r		
	i		h			i		
	c	e	i	l	i	n	g	
	e		r			g	u	n
		t	a	x		a		
p	l	a	y			r		
a		r		s	i	d	e	
s	a	m	e		n			
t		y		j	o	k	e	

Answer 030

y		s			r	o	a	r
o		a			e		u	
u	n	l	i	k	e		n	
n		e		d	a	t	a	
g					n			
	s	a	f	e		s		
	t		a		t	w	i	n
m	a	i	l		e		o	
	y		l		r	o	d	

Answer 031

p	i	c	t	u	r	e		b
l		a		l		a	c	e
a	d	m	i	t		r		a
c		p		r		n	u	t
e			b	a	r		n	
	g		o		e		i	
g	r	o	w		s	i	t	e
	a				t		y	
t	y	p	e					

Answer 032

a	b	s	e	n	t		t	
n		a		i		h	i	t
g	a	t	h	e	r		p	
r		a		c				
y		n	e	e	d	l	e	
	c					u		s
s	i	x	t	y		c		o
	t				s	k	i	n
d	y	i	n	g		y		g

223

Answer 033

	①a				②m			③n
	④d	o	⑤l	l	a	r		o
	v		o		d			t
⑥f	i	e	l	d		⑦s	h	e
	s		l			a		
⑧w	e	⑨t		⑩w	i	n	⑪d	
e		h		h		⑫d	i	g
⑬s	e	e	s	a	w		v	
t		n		t		⑭b	e	t

Answer 034

①a	②c	r	o	s	③s			
l		a			h	④c		
⑤m	a	i	n		i	o		
o		s		⑥s	p	o	r	t
⑦s	p	e	l	l			n	
t				⑧i	v	⑨y		⑩c
	⑪l	o	a	d		a		a
	a			⑫e	r	r	o	r
⑬s	w	a	n			d		e

224

Answer 035

❶ s	a	❷ v	e		❸ s		❹ s	
c		i			h		y	
❺ i	c	e	c	r	e	a	m	
e		w			e		b	
n			❻ a	p	r	o	n	
❼ c	❽ o	a	s	t			l	
e	c		o		❾ o			
	i		❿ m	a	k	e		
⓫ b	o	d	y					

Answer 036

❶ c	❷ r	o	❸ s	s			❹ c	
	i	t			❺ p	o	p	
	❻ c	h	e	c	❼ k		v	
	h		p		i		e	
❽ p			❾ c	l	e	r		❿ k
⓫ r	o	l	⓬ l		l			o
i			a		⓭ h			r
n			n	⓮ w	i	f		e
t		⓯ o	d	d		s		a

Answer 037

[1]f	l	[2]o	o	[3]r				[4]f
o		u		o		[5]t	e	a
[6]o	u	t	d	o	o	r		t
d		s		m		a		
	[7]f	i	x		[8]t	i	r	[9]e
[10]m		d				n		n
[11]i	d	e	[12]a	l				e
l			i		[13]f	i	r	m
[14]d	r	u	m					y

Answer 038

[1]w	r	o	[2]n	g		[3]p		[4]b
r			o			a		a
i			[5]r	e	[6]a	l	[7]l	y
[8]t	a	r	t		l		o	
e			h		a		n	
	[9]p				[10]r	u	g	
[11]l	i	f	e		m			[12]j
	n							o
[13]r	e	l	a	y		[14]h	a	y

Answer 039

(1)b	e	(2)s	i	(3)d	e			(4)m
e		c		e				u
n		e		a		(5)p	(6)i	g
(7)c	o	n		r			n	
h		e					n	
	(8)f		(9)f			(10)d	i	d
(11)o	r	d	e	r			n	
	o		e		(12)b	(13)u	g	
	g		l			p		

Answer 040

(1)h	e	r	(2)e				
o			x		(3)r	o	s	e (4)
u			c		o		x
(5)s	u	b	u	r	b		p
e			s	(6)o	n	(7)t	o
	(8)t	e	x	t		h	
	r			(9)p	r	o	
(10)g	i	f	t			o	
	p		(11)b	o	w	l	

Answer 041

①f	i	②s	h		③w	o	④r	k
r		e			i		o	
⑤u	s	e	f	u	l		u	
i		m		⑥d	i	n	g	
t		⑦w				d		
	⑧w	e	a	r		⑨t		⑩c
	a		t		⑪p	u	s	h
⑫a	l	t	e	r		r		e
	l		r		⑬n	e	w	

Answer 042

①t	o	n	②e		③f	u	④l	l
			s				a	
	⑤f	a	c	t			m	
⑥l			a		⑦c	⑧a	p	⑨e
⑩a	d	o	p	t		c		n
u			e		⑪h	a	t	
⑫g	a	⑬y		⑭b		e		r
h		e		u				y
	⑮e	n	a	m	e	l		

Answer 043

c	a	l	l			s		
a		a		s	t	i	l	l
l	i	m	i	t		l		o
m		b		e		k		c
				a				k
	w	h	o	l	e		c	
	i		p		a	r	e	a
u	n	l	e	s	s		n	
	g		n		e		t	

Answer 044

c	o	s	t		h		w	
o		i			u	p	o	n
l	e	t	t	e	r		r	
l		t		r	o	d	e	
e		e	s	p	y			d
g		r		a		f		i
e			k	i	t	e		t
		u		r		a		o
p	o	s	t			r		r

①o	u	②g	h	③t				④j
a		e		⑤h	o	⑥r	s	e
⑦t	a	s	t	e		u		a
h	t		i		i		n	
		u		⑧r	⑨a	n		
⑩s		r			l			⑪t
⑫o	n	⑬e	s	e	l	f		h
c			o		o			a
⑭k	i	s	s		⑮w	a	r	n

①b	i	②l	l		③t			
a		o		④p	r	i	⑤c	e
⑥k	e	y			a		a	
e		a		⑦v	i	s	a	
		⑧l	⑨i	n	e		h	
			t		l			⑩b
⑪j	a	p	a	n		⑫u		e
			l			f		a
⑬j	u	l	y		⑭h	o	r	n

Answer 047

①a		②b		③a	e	④s	o	⑤p
⑥b	l	o	o	d		a		a
u		n		u		l		p
s		e		⑦l	e	a	s	e
e				t		d		r
	⑧h	o	p				⑨n	
	u				⑩m	e	a	t
	⑪g	a	i	n			v	
	e				⑫s	h	y	

Answer 048

①d	②r	a	③g		④d	a	⑤w	n
	e		l		i		a	
⑥f	a	m	o	u	s		s	
	l		r		c		h	
⑦f			y		u			
l					⑧s	i	⑨g	n
o		⑩b	a	⑪s	s		r	
o		o		p		⑫g	a	b
⑬d	e	w		y			b	

231

Answer 049

	(1) a	(2) h	o	(3) y				
		a		e		(4) s		
		(5) t	e	a	c	h	e	(6) r
		e		r		o		e
	(7) f			l		p		a
(8) h	a	(9) p	p	y				c
	v		e		(10) r	u	(11) s	h
(12) f	o	o	t				o	
	r			(13) d	e	a	t	h

Answer 050

(1) s	w	(2) e	e	(3) t		(4) d	(5) m	z
h		x		h			a	
o		(6) p	r	e	t	(7) t	y	
r		l		a		r		
t		a		(8) t	i	e	d	
		(9) i	v	e		a		
(10) f	a	n		(11) r	a	t	(12) e	
o							y	
(13) g	u	e	s	t		(14) f	e	e

232

재밌고 쉽게 암기하는
초특급 영단어 퍼즐여행

1판 1쇄 인쇄 | 2014년 9월 5일
1판 1쇄 발행 | 2014년 9월 10일

엮은이 | 영어교재연구원   **펴낸이** | 윤다시   **펴낸곳** | 도서출판 예가
주소 | 서울시 영등포구 영신로 45길 2   **전화** | 02)2633-5462   **팩스** | 02)2633-5463
이메일 | yegabook@hanmail.net   **블로그** | http://blog.daum.net/yegabook
등록번호 | 제 8-216호

ISBN | 978-89-7567-566-9   13740